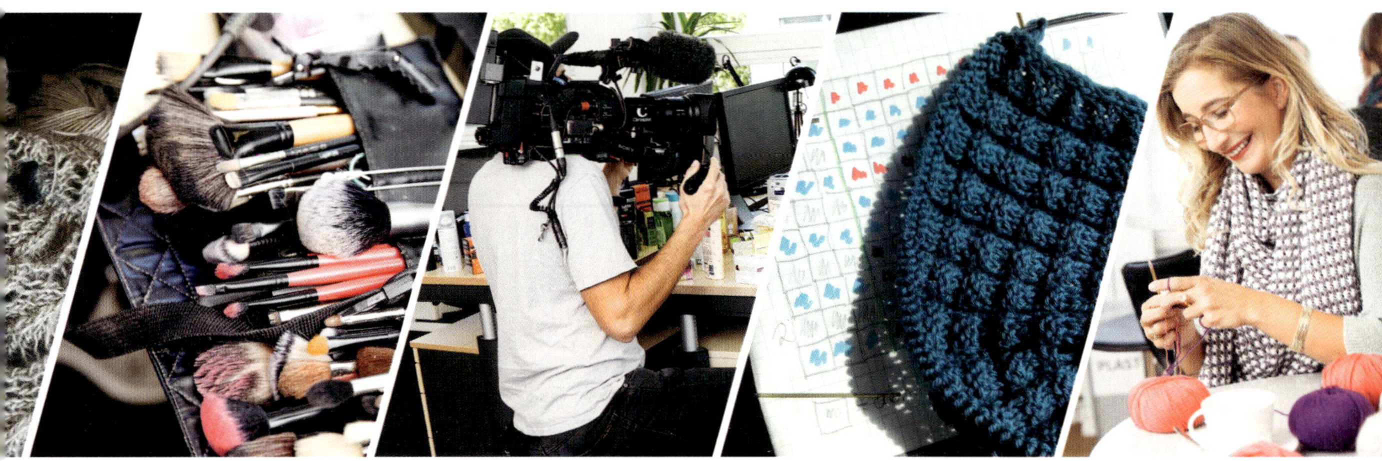

YVONNE WILLICKS

# MEINE STRICK *LIEBE*

## EFFEKTVOLLE TÜCHER UND SCHALS

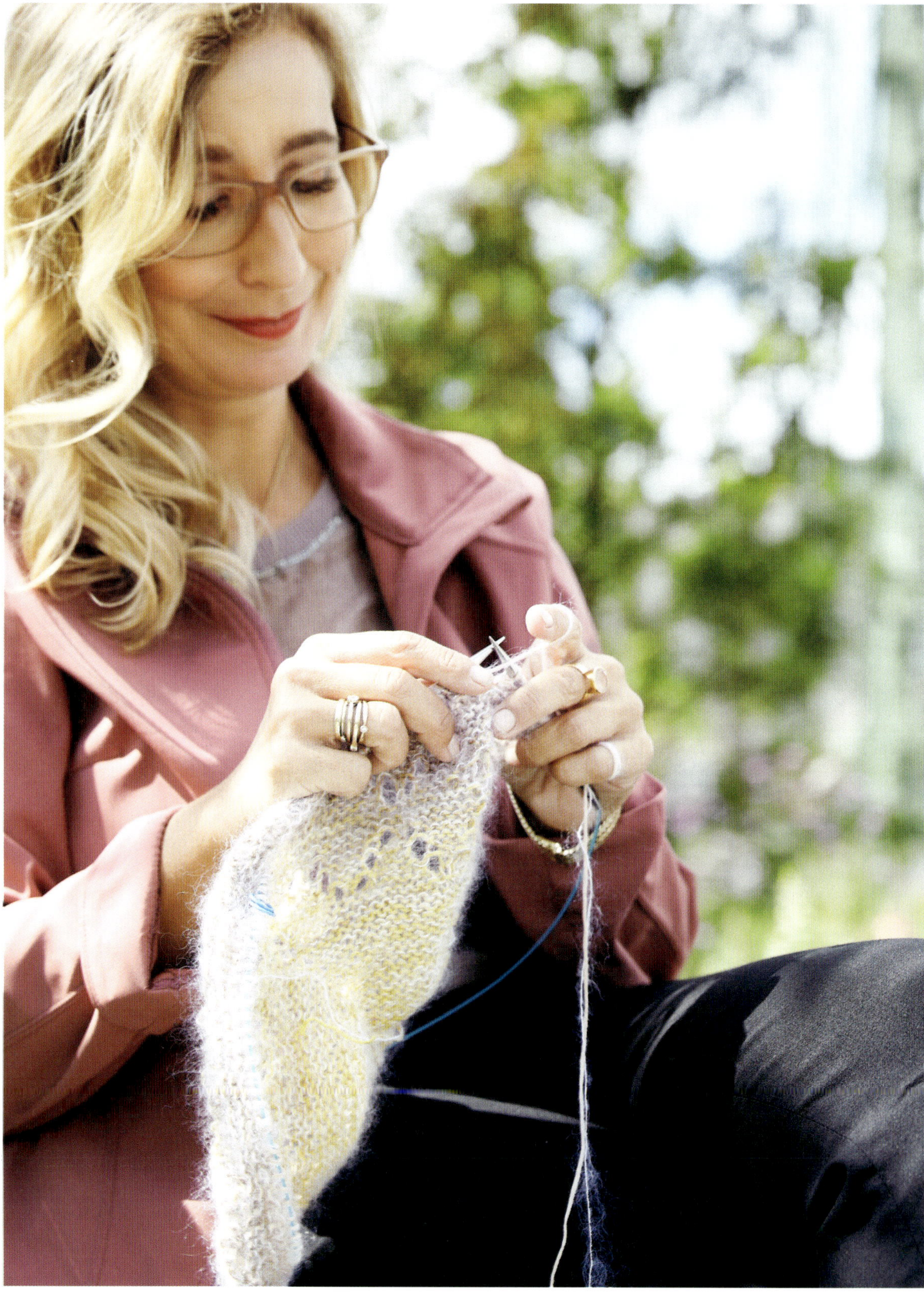

# Ein altes Hobby wiederentdeckt

*Stricken gelernt habe ich als ungefähr 10-Jährige. Die ersten Reihen kraus rechts saßen so dermaßen fest auf den Nadeln, dass die freundlichen Damen beim Handarbeitstreff mir immer mal eine Reihe abstricken mussten, sonst wäre es weder vor- noch zurückgegangen. Dort bekam ich dann auch den Tipp, die Metallnadeln immer mal an der Kopfhaut zu reiben: Durch das Haarfett flutschen die Maschen einfach besser. Zu diesem wöchentlichen Handarbeitstreff begleitete ich damals meine Mutter, die allerdings nicht strickte, sondern Occhi machte. Occhi, das ist eine sehr schöne Handarbeitstechnik, um Spitzen mit einem Schiffchen herzustellen.*

*So entstanden im Laufe der Zeit unter den fachkundigen Augen der erfahrenen Strickerinnen zunächst einfache Schals, dann auch geformte Teile (erst einmal nur Pullunder), und später wagte ich mich an Ärmel. Es war die Zeit, in der wir auch in der Schule strickten, und das ein oder andere Projekt hat mich durch langweilige Geographiestunden oder öde Mathelektionen getragen.*

*Als dann unsere drei Kinder geboren wurden, strickte ich – schätze ich – zweimal um den Äquator. Ich fand es einfach ganz wichtig, dass ich auch mal etwas fertig machen konnte. Mit drei kleinen Kindern hört die Arbeit ja nie auf, und ich hatte oft das Gefühl, mich in einem ewig währenden Kreis von Wäsche waschen, Nahrung zubereiten und putzen zu bewegen. Da war das „Faden vernähen" geradezu Entspannung pur.*

*Aber wie das so ist: Irgendwann wollten die Kinder keine Stricksachen mehr anziehen, mein Mann schwitzte in Wollpullovern und meine Schränke und Kommoden waren voll mit Jacken, Pullis und Co. So hab ich die Nadeln für einige Zeit zur Seite gelegt und vor 3 Jahren dann wieder hervorgeholt. Meine mittlerweile erwachsenen Kinder wünschten sich zu Weihnachten etwas Selbstgemachtes von mir. Was lag da näher als zu stricken? Und ich war wirklich überrascht, als ich mich auf den Weg in die sozialen Medien, Wollläden und Buchhandlungen machte.*

*Stricken hat sich verändert! Die Wollqualitäten sind der Hammer und die moderne Strickszene hat tolle neue Designs hervorgebracht. Ich war auf der Stelle wieder mit dem Strickfieber infiziert und hatte sofort mindestens vier Projekte gleichzeitig auf den Nadeln, so gut gefielen mir die neuen Designs.*

*Mittlerweile stricke ich hauptsächlich ungeformte Teile, also Schals und Tücher. Ich mag die unzähligen Variationsmöglichkeiten und liebe es, mich in dicke Tücher oder lange Schals zu wickeln. Das gibt mir ein schönes Gefühl von Geborgenheit und Wärme.*

*Darum ist mein erstes Strickbuch auch meiner „Tücherliebe" gewidmet. Es enthält Designs, die sich an AnfängerInnen wenden, denn die Modelle sind nicht kompliziert aufgebaut. Aber auch erfahrene StrickerInnen werden sicher fündig werden, denn wir brauchen doch alle ab und zu ein „Nebenbeiprojekt", bei dem nicht in jeder Reihe die vollste Konzentration gefordert ist.*

*Die Designerin Brigitte Zimmermann hat mich bei meinen Ideen tatkräftig unterstützt. Ich hoffe, euch machen die Modelle sowohl beim Stricken als auch beim Tragen genauso viel Spaß wie uns!*

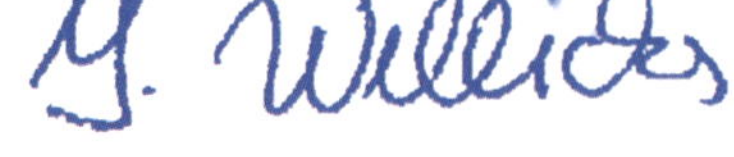

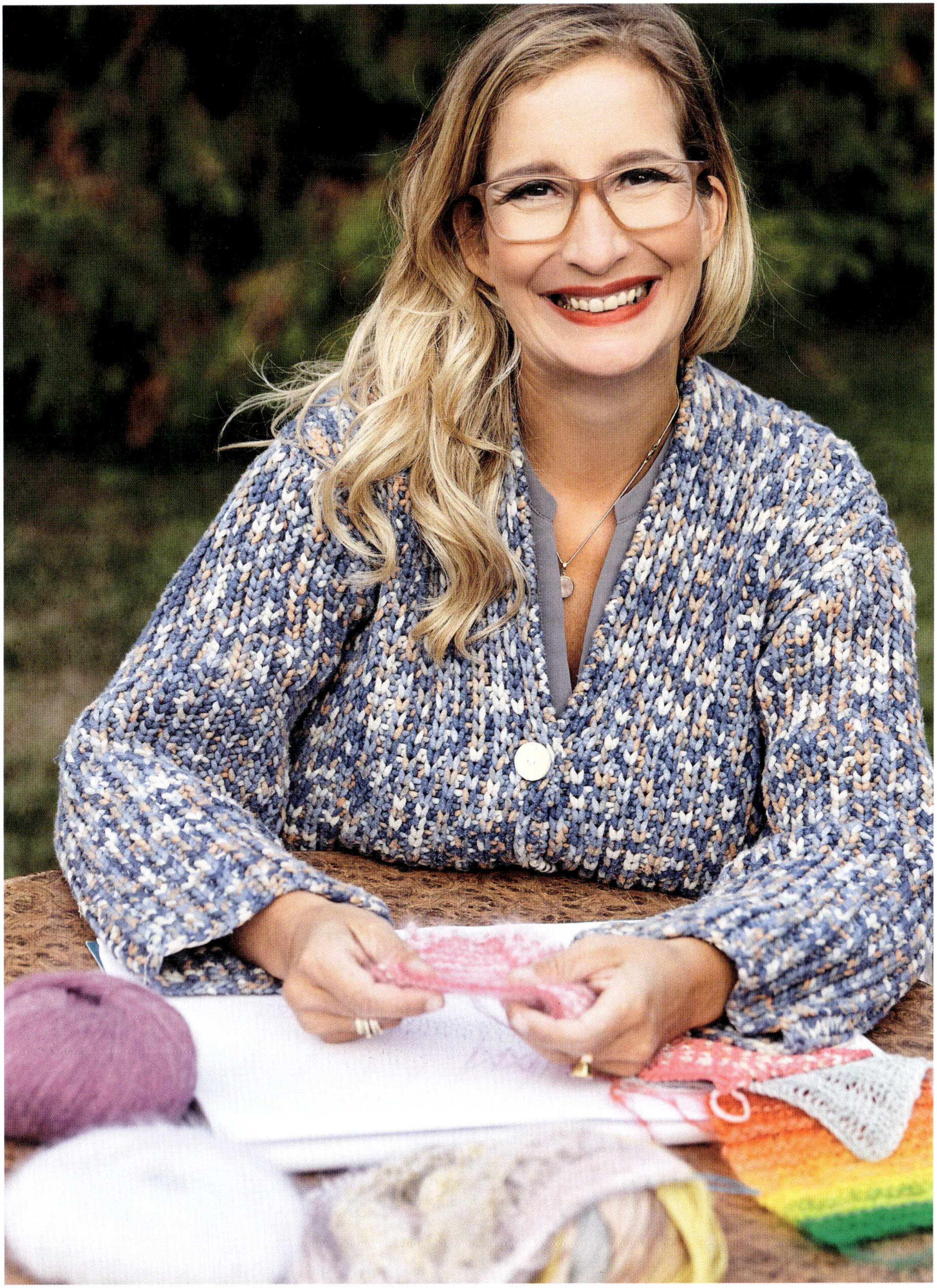

# WARUM ICH STRICKEN SO LIEBE ...

## STRICKEN BERUHIGT

Generell lässt sich sagen: Stricken beruhigt mich ungemein. Bei meinem Temperament ist es ein Segen, dass ich das Stricken (wieder-) entdeckt habe. Es entspannt mich und außerdem verkürzt es mir die ewigen Zug- und Autofahrten und all die anderen Wartezeiten oder Drehpausen. So sehen mich meine KollegInnen mittlerweile ganz gelassen im Hintergrund sitzen, während das Set eingerichtet, das Licht positioniert oder der Experte vorgestellt wird. Während mich diese unfreiwilligen Pausen früher sehr nervös machten, freue ich mich heute mit dem aktuellen Projekt weiterzukommen und ein paar Reihen zu stricken. Und auch beim Sender fragen mich die KollegInnen mittlerweile schon von sich aus, was ich da wieder auf den Nadeln habe. Sind die Moderationen geschrieben, hol ich das Strickzeug raus! In dieser Saison habe ich – quasi in meiner Arbeitszeit – ganz nebenbei schon eine ganze Reihe Tücher und Schals, auch für dieses Buch, gestrickt. Wer mir auf Instagram oder Facebook folgt, ist ja auf dem Laufenden ...

## STRICKEN VERBINDET

Nicht nur im Netz, auch im normalen Leben! Wenn ich strickend in der Bahn unterwegs bin, vergeht meist nur sehr wenig Zeit und ich befinde mich im Gespräch über Wollqualitäten, Nadelsysteme oder Strickmuster. Ob ich mit der älteren Dame schräg gegenüber ins Plaudern komme und sie mir von taillierten Pullöverchen aus geribbelter Wolle für die Tanzstunde erzählt oder ob die junge Mutti einen Tipp für eine nicht rutschende Babymütze braucht: Mein Strickzeug und ich sind meistens nicht lange allein. Spannend, dass es immer mehr Menschen gibt, die Spaß am Handarbeiten haben und die Leidenschaft auch nicht mehr geheim halten!

Wie sehr Stricken sogar Nationen verbindet, konnte man am Stricktipi auf der Landesgartenschau 2020 in Kamp-Lintfort erkennen. Die Künstlerin Ute Lennartz-Lembeck aus Remscheid hat schon über 30 Zelte in Deutschland und weltweit angefertigt bzw. den Entstehungsprozess begleitet. Das Besondere: in den Partnerstädten von Neukirchen-Vluyn, also in Buckingham (GB), Mouvax (F) und Ustron (PL) wurden die Patches für das Tipi gestrickt und gehäkelt. Ein buntes Zeichen für Völkerverständigung entstand und hat die BesucherInnen der Landesgartenschau immer wieder aufs Neue fasziniert.

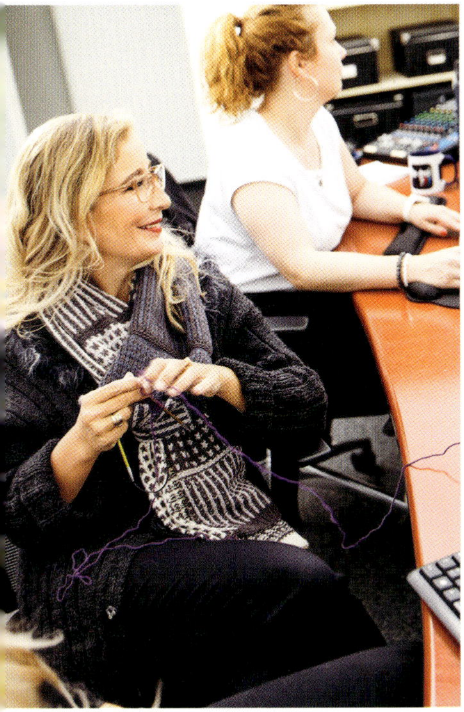

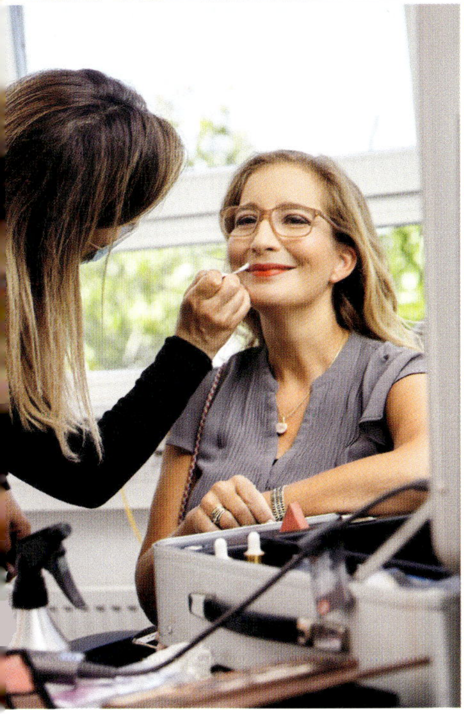

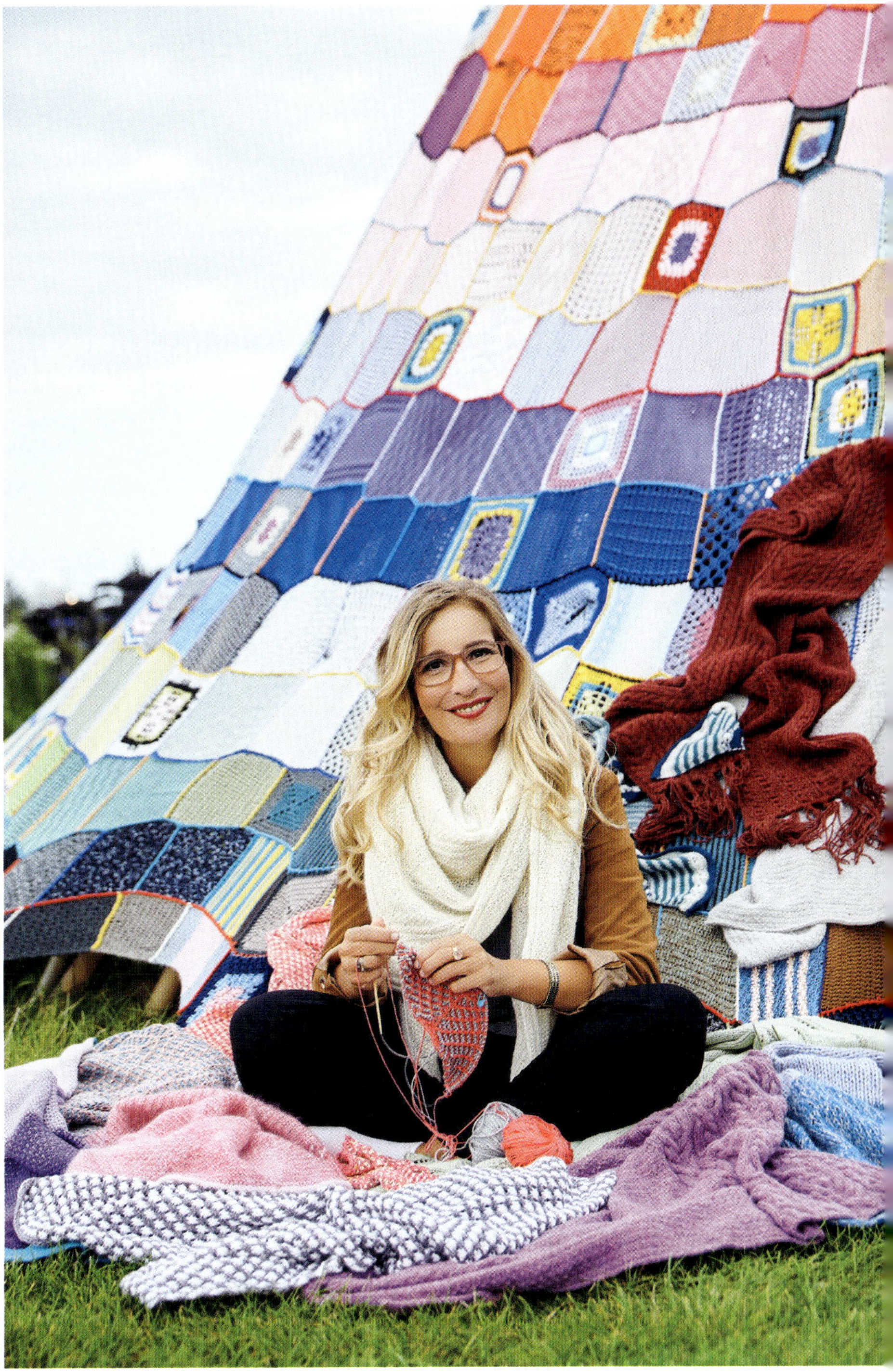

# MEINE MATERIALIEN & HILFSMITTEL

## Nadeln

Welche Nadeln man benutzt, ist reine Geschmackssache. Ich stricke nur mit Rundstricknadeln. Das Strickstück ist – aus meiner Erfahrung – viel leichter zu händeln, und das Gewicht liegt nicht so stark auf den Armen. Aber das ist tatsächlich Geschmackssache. Dünne Holznadeln sind mir schon mehrmals zerbrochen, deswegen habe ich sie ausrangiert. Meistens benutze ich Systeme mit Wechselspitzen. Die Seile lassen sich austauschen, und je länger das Strickstück wird, desto besser lässt sich das Seil anpassen. Manchmal rollen sich die Nadelseile störend ein. Man bekommt sie mit heißem Wasser schnell wieder geschmeidig glatt. Nach dem Wasserbad die Enden straff ziehen und halten, bis das Seil sich wieder abgekühlt hat. Nun sollte es sich entspannt haben und man kann wieder losstricken.
Spitz oder rund? Welche Nadeln sind am besten? Wer mit mehrfädigem Garn arbeitet, nutzt am besten eine Nadel mit stumpfer Spitze, um nicht zwischen die Fäden zu geraten. Für Muster eignen sich besonders Lace-Nadeln, da sie schön spitz sind. Mittlerweile gibt es nickelfreie Nadeln, so dass auch Allergiker ohne Probleme entspannt stricken können.
Holz oder Bambusnadeln liegen gut in der Hand. Das Garn gleitet nicht ganz so gut wie bei Metall, aber bei flauschigem Mohairgarn sind diese Nadeln perfekt.
Metallnadeln sind super bei rauher oder kratziger Wolle. Die Maschen gleiten gut und verkanten sich weniger.

## Maschenmarkierer

Maschenmarkierer kannte ich aus meiner „ersten“ Strickkarriere überhaupt nicht. Ich habe während langer Bahnfahrten interessierten StrickerInnen schon oft erklärt, wie segensreich die kleinen Teile sind. Sie markieren den Rapport oder die Mittelmaschen und werden als Ring oder Schlaufe einfach mit nach oben genommen, indem man sie von der linken auf die rechte Nadel hebt. Bei komplizierten Mustern markiere ich mir immer jeden Rapport. Das Zählen wird so extrem vereinfacht. Ich benutze übrigens am liebsten selbstgemachte Schlaufen aus Wollresten, die stören mich kaum beim Stricken.
Auch beim Maschenanschlag nutze ich gerne alle 25 Maschen einen Markierer. Selten bin ich in absoluter Ruhe, und damit ich im turbulenten Familienalltag nicht permanent wieder von vorn zählen muss, hat sich das sehr bewährt.
Gerade bei den großen Dreieckstüchern sieht man ja kaum einen Fortschritt, obwohl man den ganzen Abend strickend auf dem Sofa verbracht hat. Zur Motivation setze ich mir zu Beginn einer Stricksession eine kleine Sicherheitsnadel oder einen Maschenmarkierer in die erste Reihe des Tages. So wird der Fortschritt sichtbar, und ich bin happy!

## Reihenzähler

Dieses Hilfsmittel habe ich auch schon früher benutzt. Es hilft, die Reihen zu zählen und wird in unterschiedlichen Varianten angeboten. Ich benutze immer klassische Reihenzähler, die hinten auf die Nadel gesteckt werden.

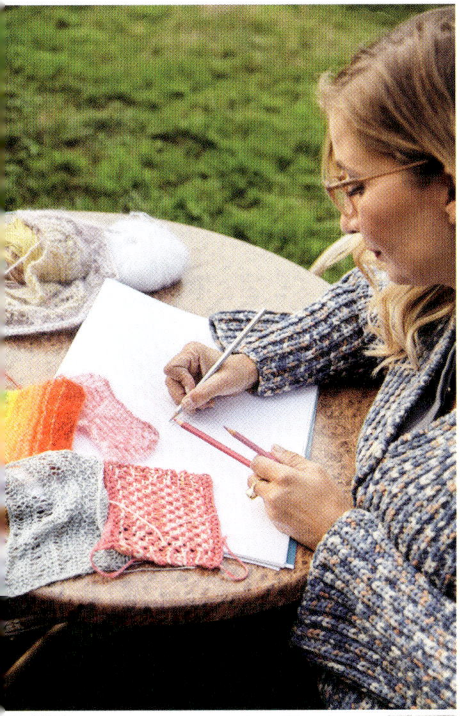

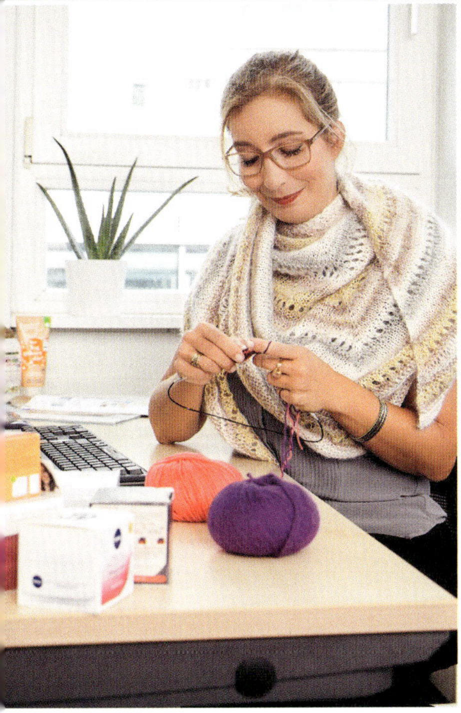

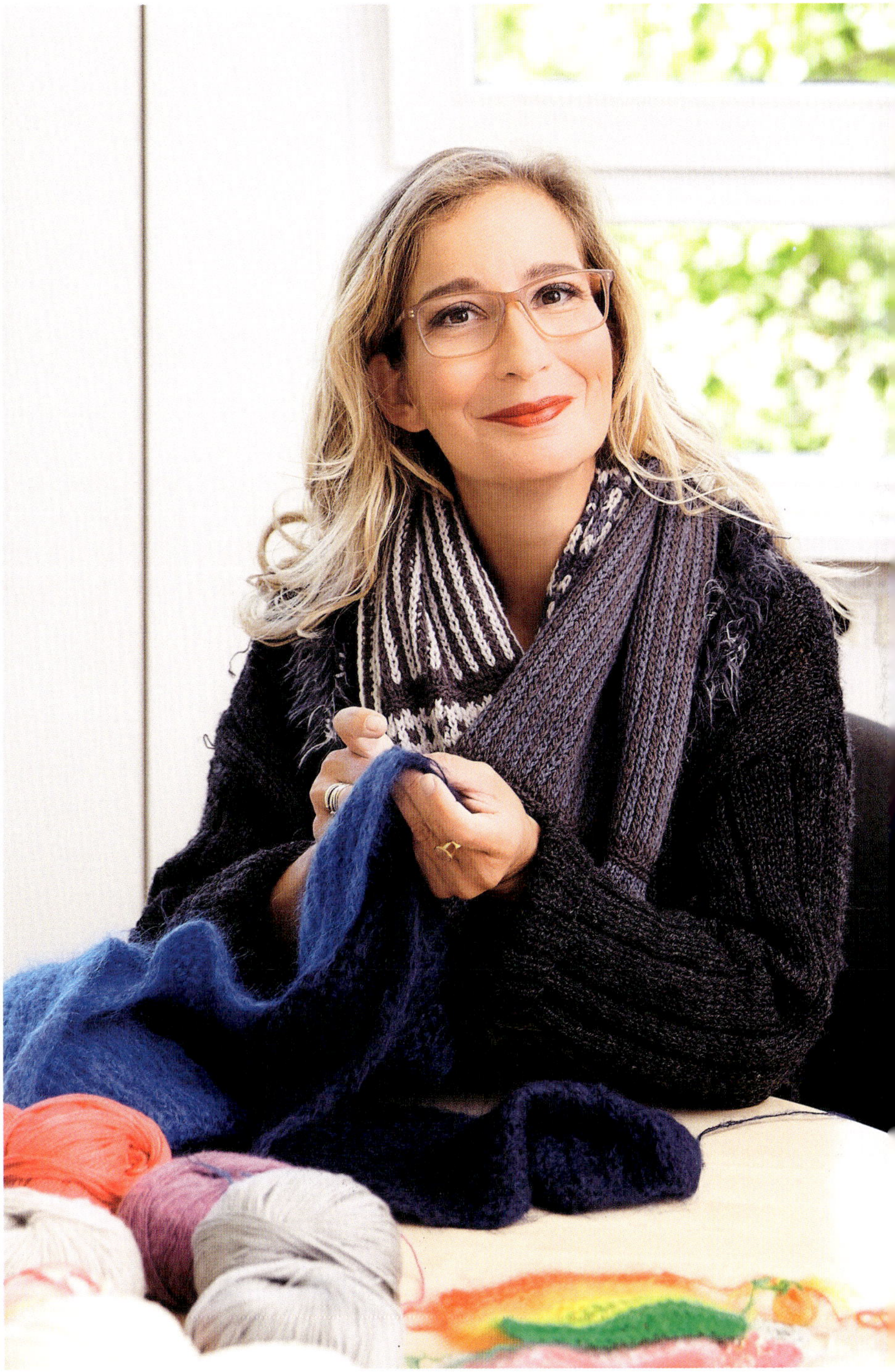

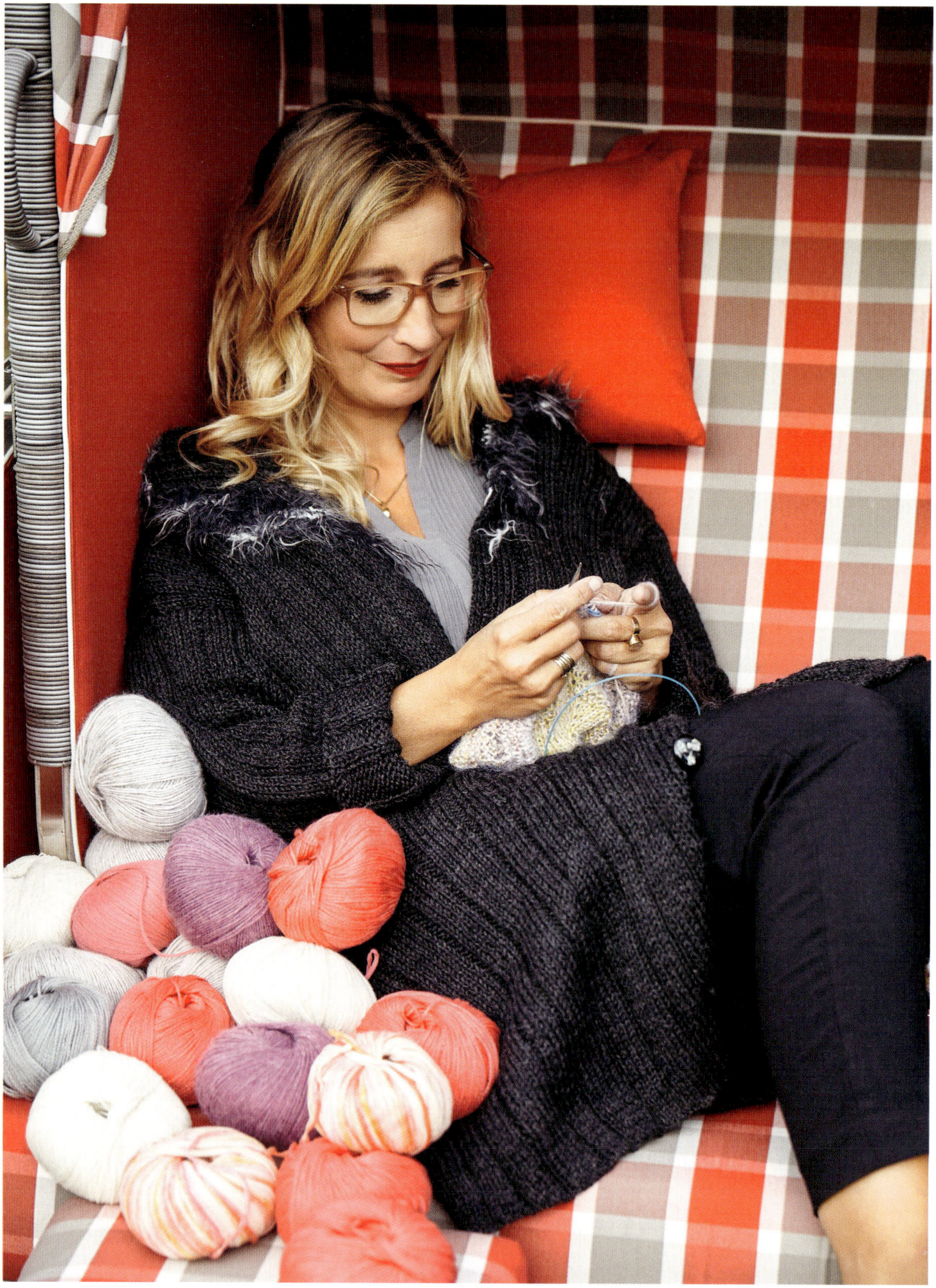

### Wollwickler und Haspel

Nachdem ich viele, viele Stränge Wolle verstrickt habe, musste dann doch mal ein Wollwickler und eine Haspel her. So wird das Wickeln extrem vereinfacht. Allerdings bieten auch viele Fachgeschäfte einen Service zum Wickeln von Strängen an. Knäuel, die leicht auseinanderrutschen, wickle ich übrigens immer neu auf, um „Wollsalat" zu verhindern.

### Garnschale

Seit ich einmal auf Knien durch einen ICE gekrochen bin, um meine Wolle wieder einzufangen, habe ich immer eine kleine Garnschale dabei. So hat das Knäuel eine Begrenzung. Man nehme dazu entweder eine leichte Plastikschüssel, eine stylische Garnschale aus Holz oder eine der praktischen Lösungen, die die einschlägigen AnbieterInnen im Programm haben. Alternativ eignet sich aber auch ein Zipp-Gefrierbeutel, gerade für unterwegs eine tolle Lösung, damit sich Wollknäuel nicht selbständig machen.

### Gefrierbeutelclips und Gummis

Damit Maschen nicht von den Nadeln rutschen, sichere ich Nadelspiele gerne, indem ich die Enden der Nadelspitzen mit je einem schlichten Gummiband fixiere. Rundstricknadeln lassen sich mit Gefrierbeutelclips gut zusammenhalten.

### Wollnadeln

Es gibt mittlerweile ganz tolle Nadeln, die, statt eines Nadelöhrs eine Schlaufe haben. Auch dicke Fäden lassen sich hier prima einfädeln.

### Brillenetui

Wenn ich unterwegs bin, habe ich immer ein Brillenetui dabei, in dem ich platzsparend die wichtigsten Hilfsmittel verstauen kann: Maschenmarkierer, eine Häkelnadel, eine kleine Schere, einen Bleistift, Büroklammern und ein Maßband aus Papier sind so schnell griffbereit!

### Mustersammlung

Seit meiner Jugendzeit notiere ich mir Muster und Maschenproben, schreibe Fehler auf und vermerke mögliche Verbesserungen. So hatte ich meine gesammelten Werke immer griffbereit. Leider ist eine dicke Kladde bei einem Umzug verlorengegangen, aber nun arbeite ich fleißig an einer neuen.

# SCHALS & STOLEN

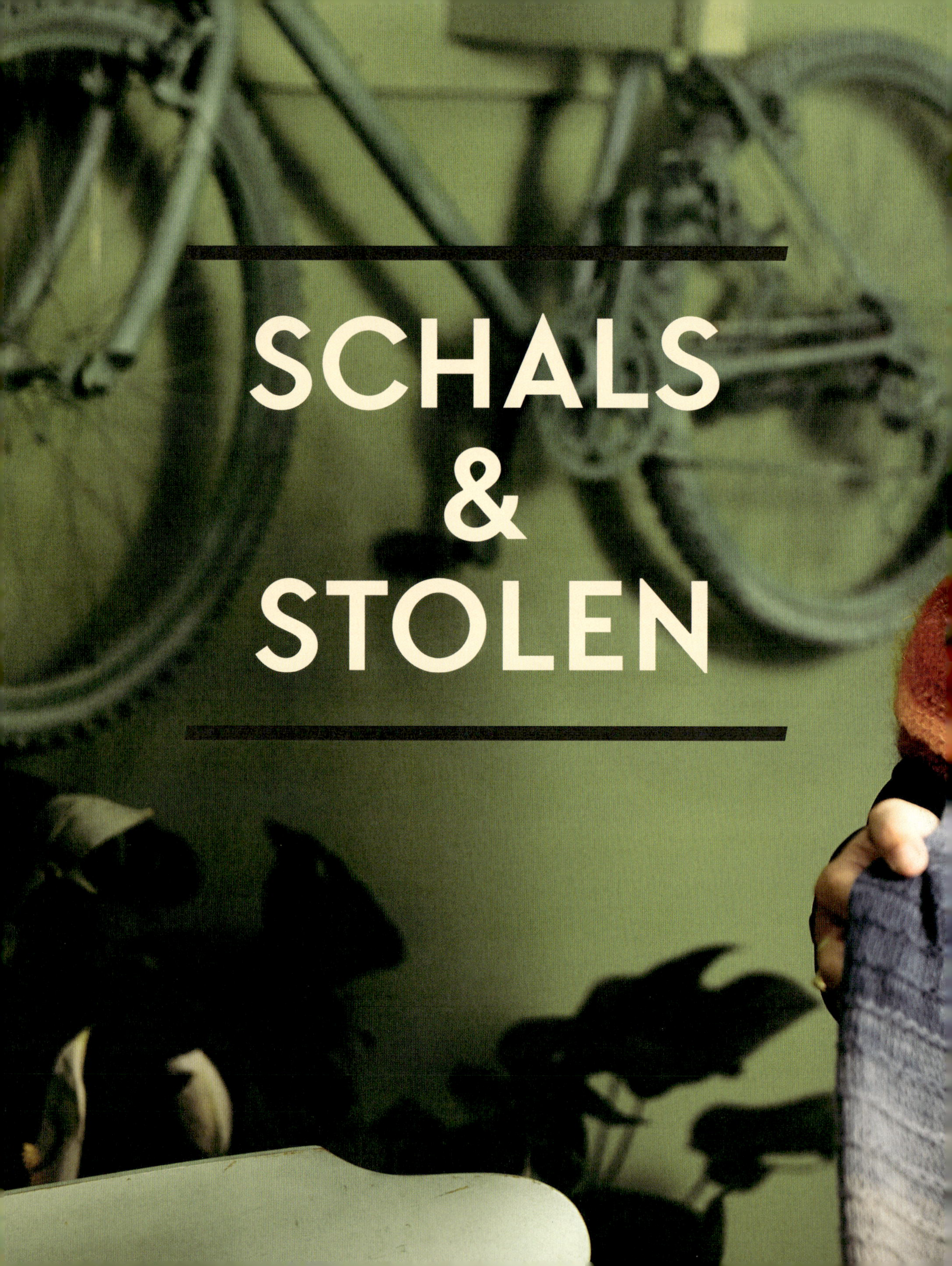

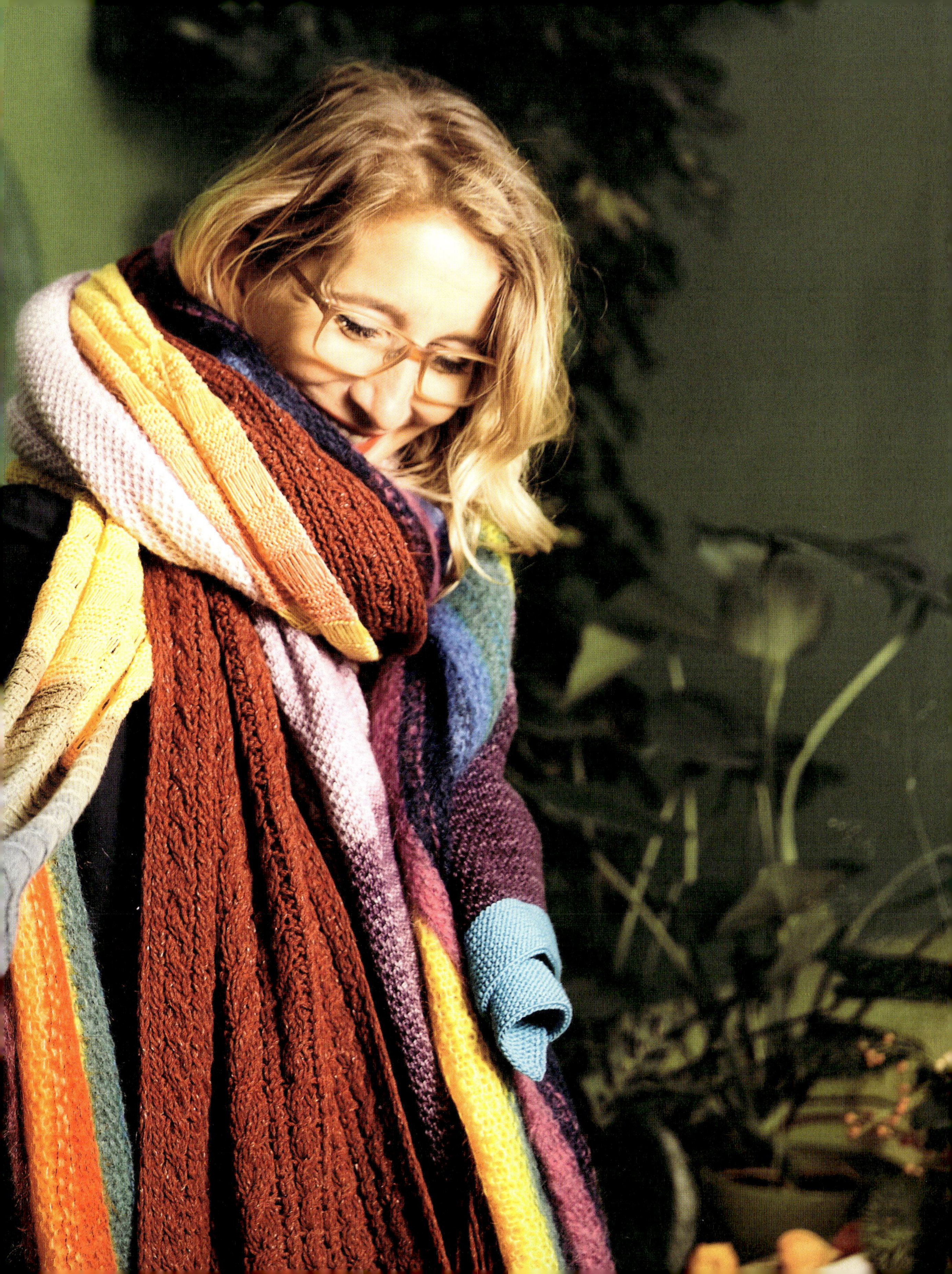

# LAZY

## Kuschel-Stola mit Pailletten

***Als ich diesen superbreiten Schal mit Kuschelfaktor im Glitzerlook arbeitete, hatte ich zeitgleich drei komplizierte Lacemuster auf der Nadel. Ich brauchte unbedingt ein Projekt, an dem ich ohne viel Aufwand und Konzentration stricken konnte, etwas zum Entspannen und Runterkommen, ohne Zählen und ohne Rettungsleinen einziehen zu müssen. Darum verstrickte ich ganz faul einfach ganze Knäuel. Einzig der Patentrand erfordert zu Beginn etwas Konzentration. Ansonsten alles ganz „Lazy".***

### SCHWIERIGKEITSGRAD ♥♡♡

### GRÖSSE

50 cm x 180 cm

### MATERIAL

- Lana Grossa Brigitte No. 2 (LL 140 m/50 g) in Petrol (Fb 22), Hellblau (Fb 23), Beige (Fb 15), Marine (Fb 05) und Jeans (Fb 06), je 50 g
- Lana Grossa Silkhair Paillettes (LL 155 m/25 g) in Beige (Fb 414), 125 g (alternativ: Lana Grossa Silkhair Lusso (LL 210 m/25 g) in Beige (Fb 914) oder Austermann Pailetten Beilaufgarn (LL 185 m/25 g) in Platin (Fb 01))
- Rundstricknadel 6,5 mm
- Wollnadel

### MASCHENPROBE

Glatt rechts mit Nd 6,5 mm und doppeltem Faden aus Brigitte No. 2 und Silkhair Paillettes
16 M und 21 R = 10 cm x 10 cm

### GLATT RECHTS

In Hinr rechte M, in Rückr linke M str.

### RANDMASCHEN

Die Rdm werden am Anfang und Ende jeder R über 3 M gestrickt.

*Hinr:* 1 M rechts str, 1 M links abheben mit dem Faden vorn, 1 M rechts, mustergemäß str bis 3 M vor R-Ende, 1 M rechts, 1 M links abheben mit dem Faden vorn, 1 M rechts.

*Rückr:* 1 M links abheben mit dem Faden vorn, 1 M rechts, 1 M links abheben mit dem Faden vorn, mustergemäß str bis 3 M vor R-Ende, 1 M links abheben mit dem Faden vorn, 1 M rechts, 1 M links abheben mit dem Faden vorn.

### FARBFOLGE

Petrol, Hellblau, Beige, Marine, Jeans

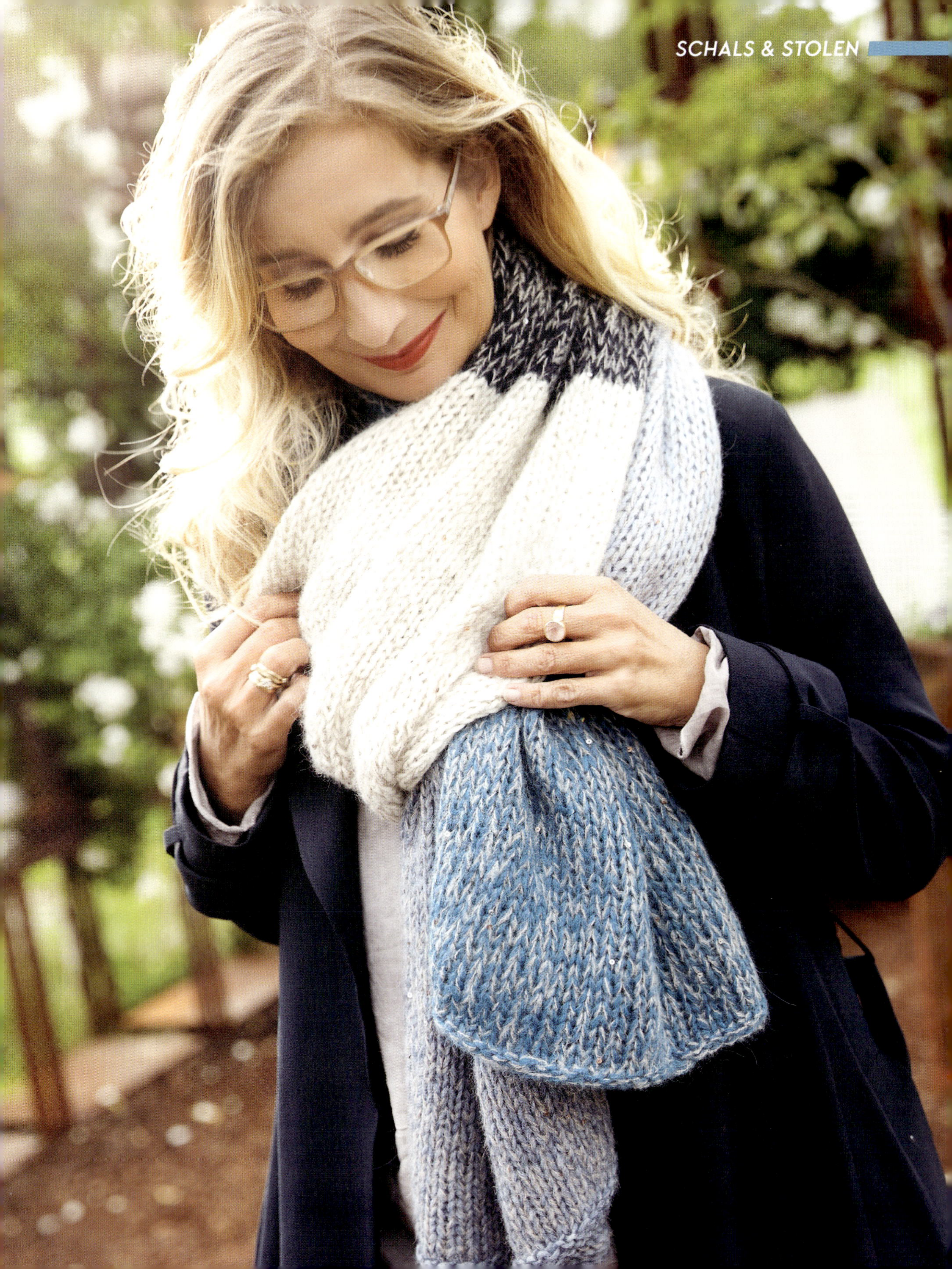

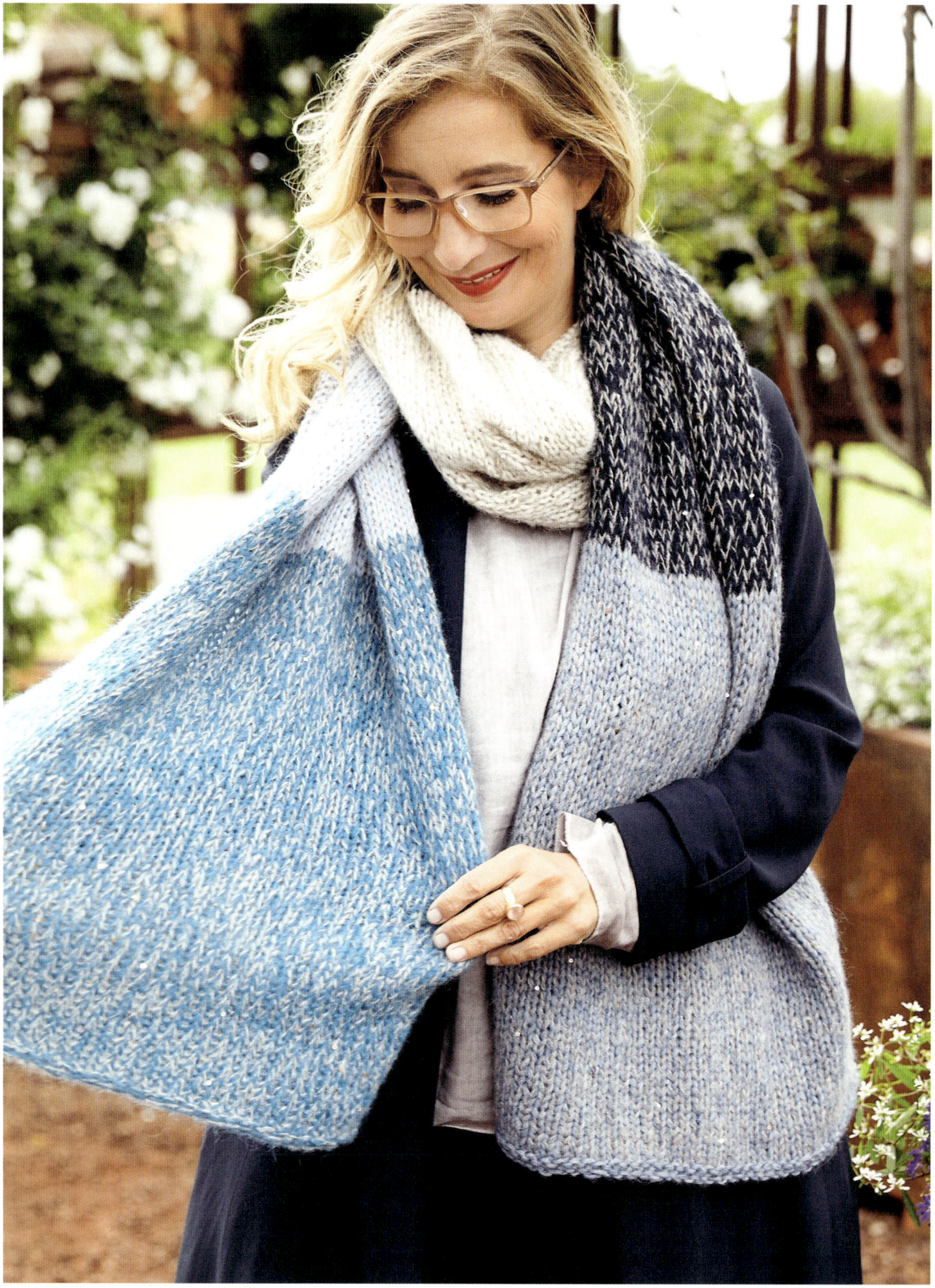

## ANLEITUNG

Der Schal wird mit doppeltem Faden aus Brigitte No. 2 und dem Beilaufgarn Silkhair Paillettes gestrickt. Dafür 80 M in Petrol und Silkhair Paillettes anschl. Die Rdm wie beschrieben jeweils über die ersten und letzten 3 M arb, dazwischen alle M glatt rechts str. In dieser Einteilung nach der Fb-Folge (und immer mit dem Beilaufgarn) jedes Knäuel zu Ende str. Den letzten Block in Jeans mit 4 R in kraus rechts beenden. Alle M abk.

### FERTIGSTELLEN

Alle Fäden vernähen.

### Yvonnes Tipps

***Ich mag einfach keine Wollreste und versuche, sooft es eben geht, ganze Knäuel zu verstricken.***
***Mit dem glitzernden Beilaufgarn werden sehr schöne Effekte erzielt, der Fantasie sind keine Grenzen gesetzt.***

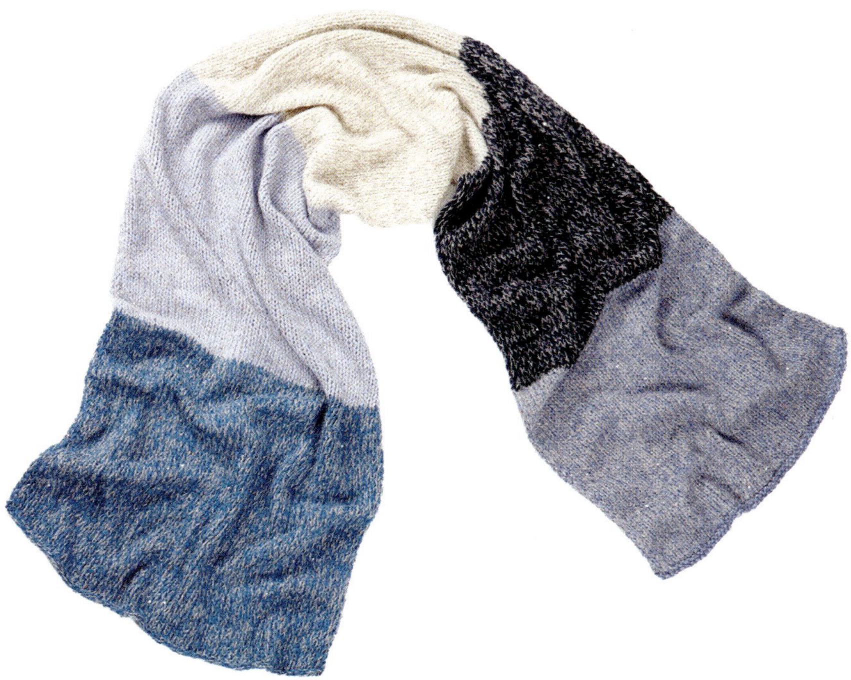

# BEGONIA

## Schal mit Farbverlauf und Fallmaschen

***Stricken in der Natur ist für mich der Inbegriff der Entspannung. 2020 konnte ich das ausgiebig auf dem Gelände der Landesgartenschau in meiner Heimatstadt Kamp-Lintfort tun. Für „Begonia" hatte ich das Design im Kopf, aber was für ein Zufall, dass die Blume der Landesgartenschau – eine herrlich leuchtende Begonie – fast exakt die Farben meines Garns hatte! Klar, wie der Schal nur heißen kann und klar: Die Bilder für das Buch müssen einfach hier entstehen!***

### SCHWIERIGKEITSGRAD ♥♥♡

### GRÖSSE

25 cm x 300 cm

### MATERIAL

- Schachenmayer Tahiti (LL 280 m/50 g) in Steppe (Fb 7680) und Sunset (Fb 7606), je 100 g
- Rundstricknadel 3,0 mm

### MASCHENPROBE

Im Hebemaschenmuster mit Nd 3,0 mm
32 M und 48 R = 10 cm x 10 cm

### KRAUS RECHTS

In Hin- und Rückr alle M rechts str.

### RANDMASCHEN

Die 1. M abheben, die letzte M rechts str.

### HEBEMASCHENMUSTER

*1. R (Rückr):* Linke M str.
*2. R (Hinr):* Rechte M str.
*3. R:* Linke M str.
*4. R:* * 1 M links, 1 M abheben mit dem Faden vorn, ab * fortlaufend wdh.
*5. R:* * 1 M rechts (= abgehobene M der Vor-R), 1 M abheben mit dem Faden hinten, ab * fortlaufend wdh.
*6. R:* Rechte M str.
Die 1.–6. R fortlaufend wdh.

HINWEIS *Nicht verwirren lassen: Die 1. Reihe ist tatsächlich eine Rückreihe.*

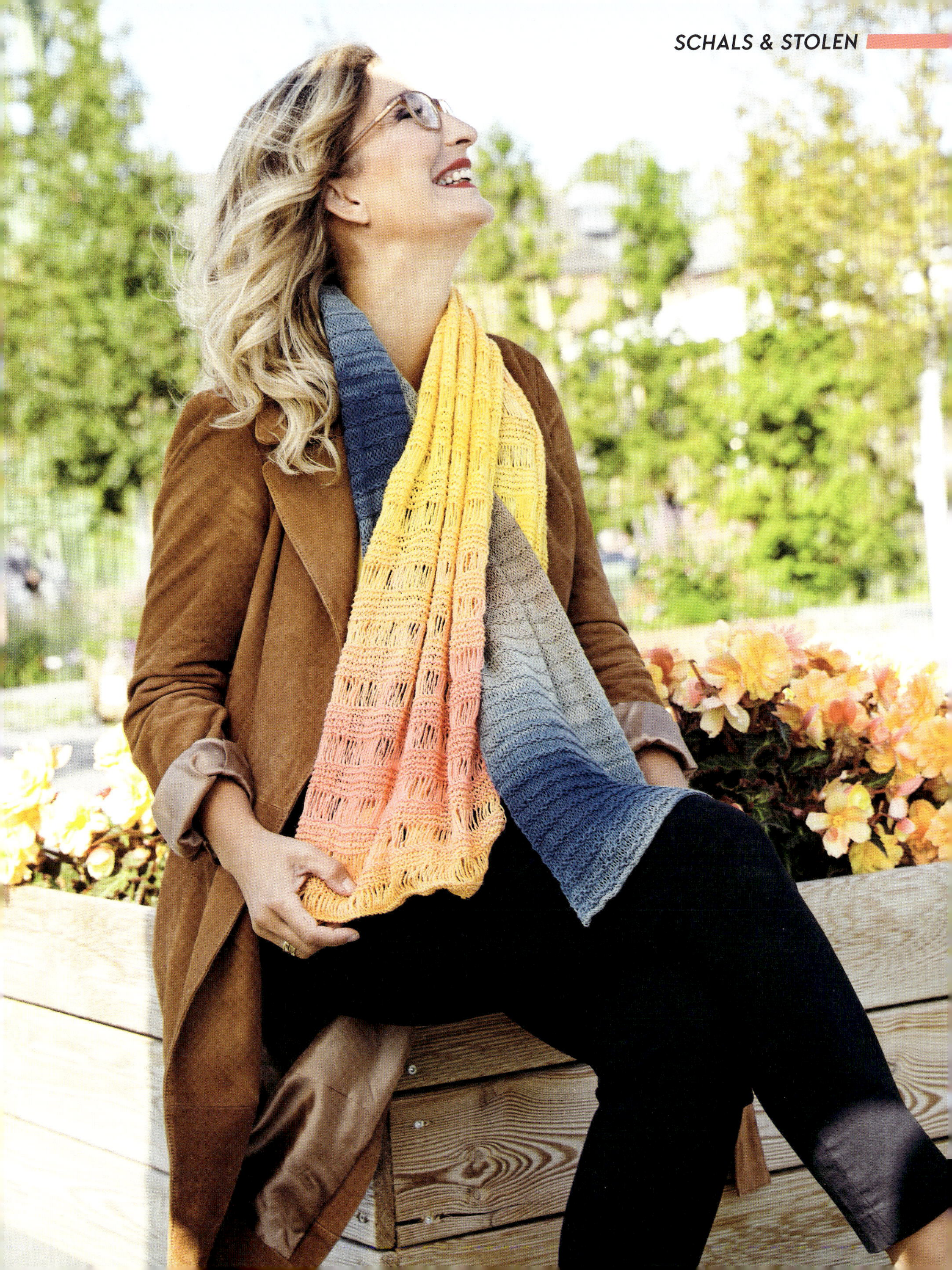

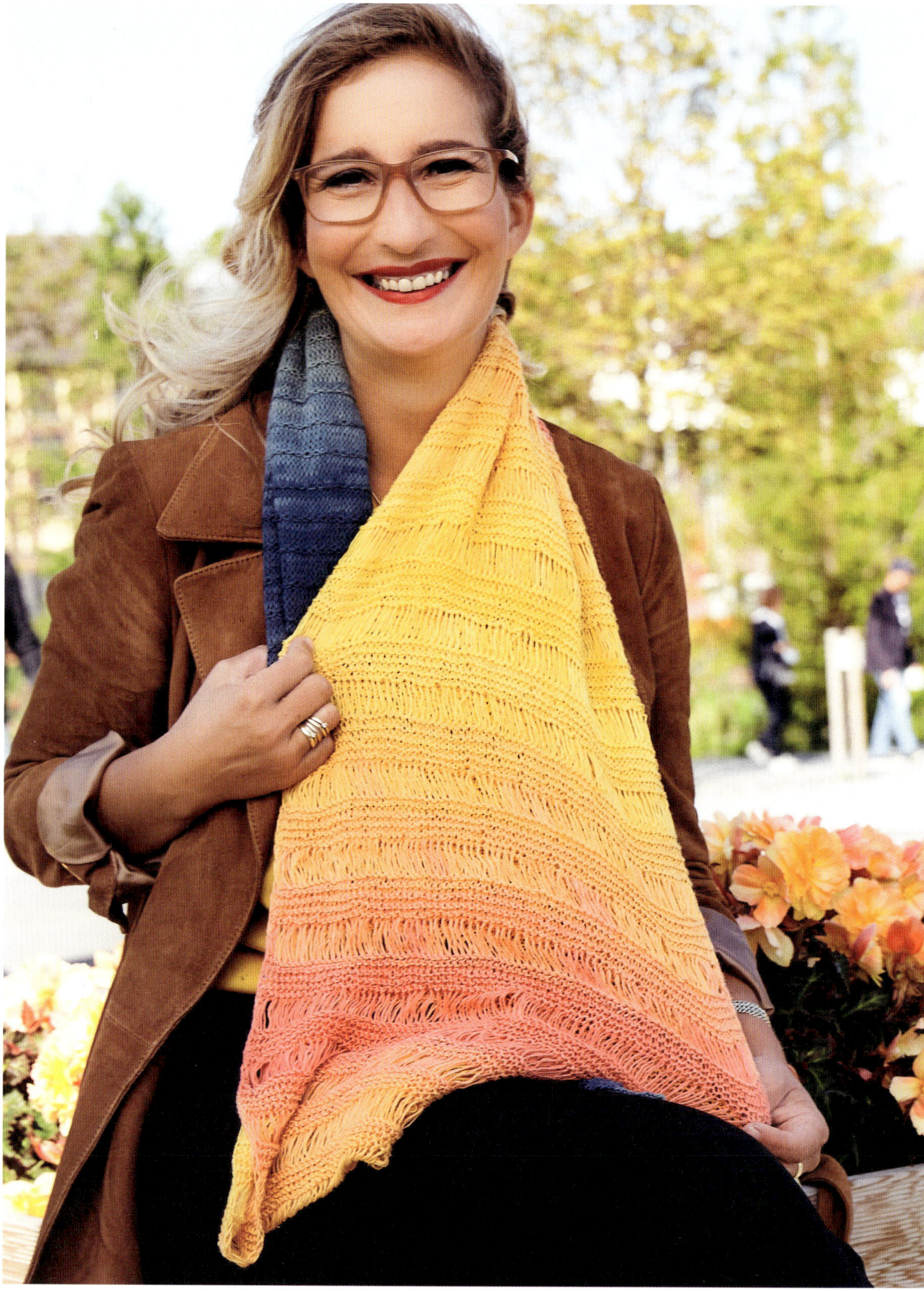

### FALLMASCHENMUSTER

*1.–7. R:* Kraus rechts str.
*8. R:* 1 M rechts, 1 U, alle M rechts str bis 1 M vor R-Ende, 1 U, letzte M rechts str.
*9. R:* 1 M rechts, U fallen lassen, * 3 U, 1 M rechts, ab * fortlaufend wdh, vor der letzten M den U fallen lassen.
*10. R:* * 1 M rechts, U fallen lassen, ab * fortlaufend wdh.
*11. R:* Alle M rechts verschränkt str.
Die 1.–11. R fortlaufend wdh.

## ANLEITUNG

In Steppe 80 M anschl und zunächst im Hebemaschenmuster (mit Rdm) str, bis das Knäuel aufgebraucht ist.
Dann in Sunset im Fallmaschenmuster (mit Rdm) weiterstr, bis 2 Knäuel Sunset verbraucht sind.
Wieder zu Steppe und dem Hebemaschenmuster wechseln und das Knäuel zu Ende str. Alle M locker abk.

### FERTIGSTELLEN

Alle Fäden vernähen. Anschließend das Tuch dämpfen und spannen.

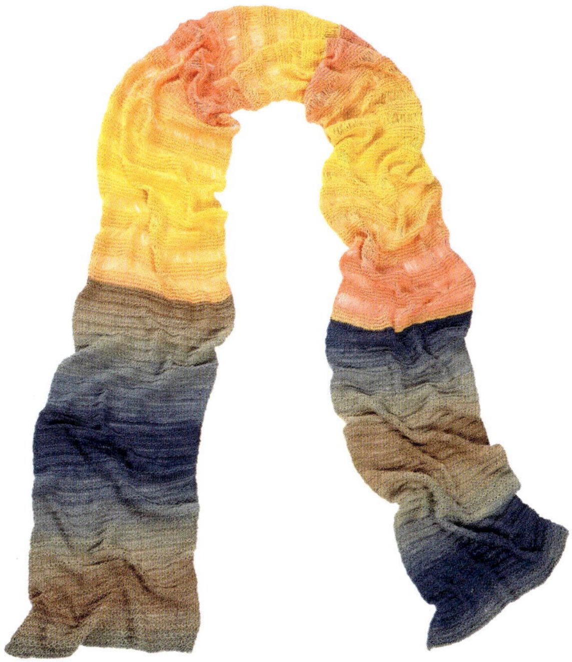

### Yvonnes Tipps

***Bei der Auswahl der Stricknadeln darauf achten, dass diese nicht zu spitz sind, sonst sticht man aus Versehen zwischen die Fäden.***
***Die Partie im Fallmaschenmuster wird etwas breiter als die Anfangs- und Endpartien im Hebemaschenmuster. So lässt sich der Schal besonders gut verschlingen.***

# VIOLETT

## Breite Stola im Brioche-Muster

*Ich mag Kontraste und Überraschungen. Bei „Violett“ rechnet man fast gar nicht mit einer starken Kontrastfarbe. Das Design funktioniert über das effektvolle Muster auch ohne. Aber Wow: Wie toll sich die türkisfarbenen Streifen machen und wie klasse das auf einer weißen Bluse aussieht!*
*Das Brioche-Muster hat einen wunderschönen, edlen Effekt. Es sieht dem Netzpatentmuster sehr ähnlich, ist aber viel einfacher zu stricken.*

### SCHWIERIGKEITSGRAD ♥♥♡

### GRÖSSE

50 cm x 205 cm

### MATERIAL

- Lana Grossa Cool Wool (LL 160 m/50 g) in Türkis (Fb 502), 50 g
- Lang Yarns Puno (LL 800 m/200 g) in Nelke (Fb 66), 400 g
- Rundstricknadel 3,0 mm, 60 cm lang
- Wollnadel

### MASCHENPROBEN

Kraus rechts mit Nd 3,0 mm und Cool Wool
22 M und 50 R = 10 cm x 10 cm

Im Brioche-Muster mit Nd 3,0 mm und Puno
22 M und 50 R = 10 cm x 10 cm

### KRAUS RECHTS

In Hin- und Rückr rechte M str.

### 1 TIEFER GESTOCHENE RECHTE MASCHE

1 M rechts str, aber dabei 1 R tiefer einstechen.

### DOPPELTE RANDMASCHE

Die Rdm am Anfang und Ende jeder R über 2 M str. 1 M links abheben mit dem Faden vorn, 1 M rechts str, mustergemäß str bis 2 M vor R-Ende, 1 M links abheben mit dem Faden vorn, 1 M rechts str.

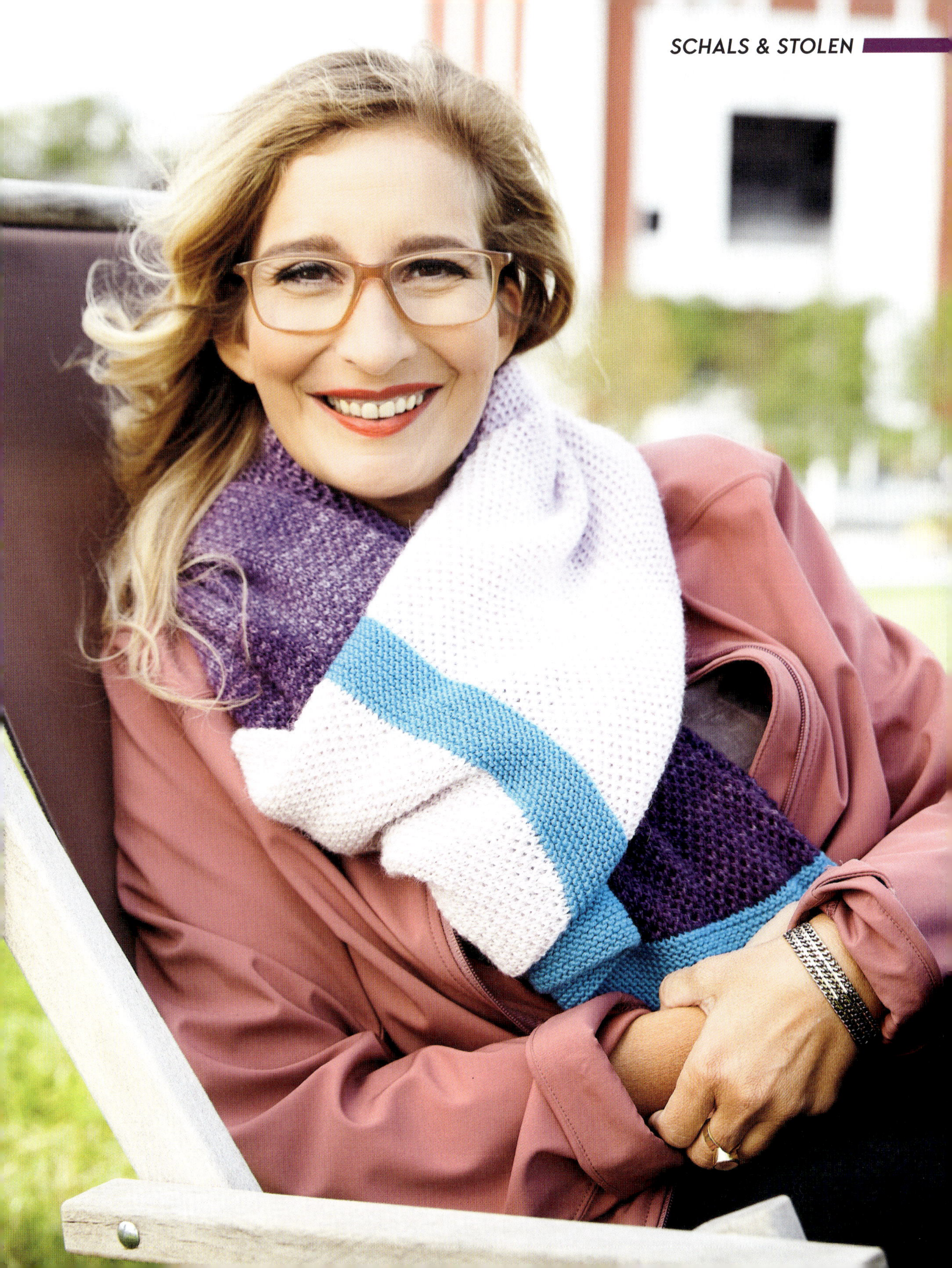

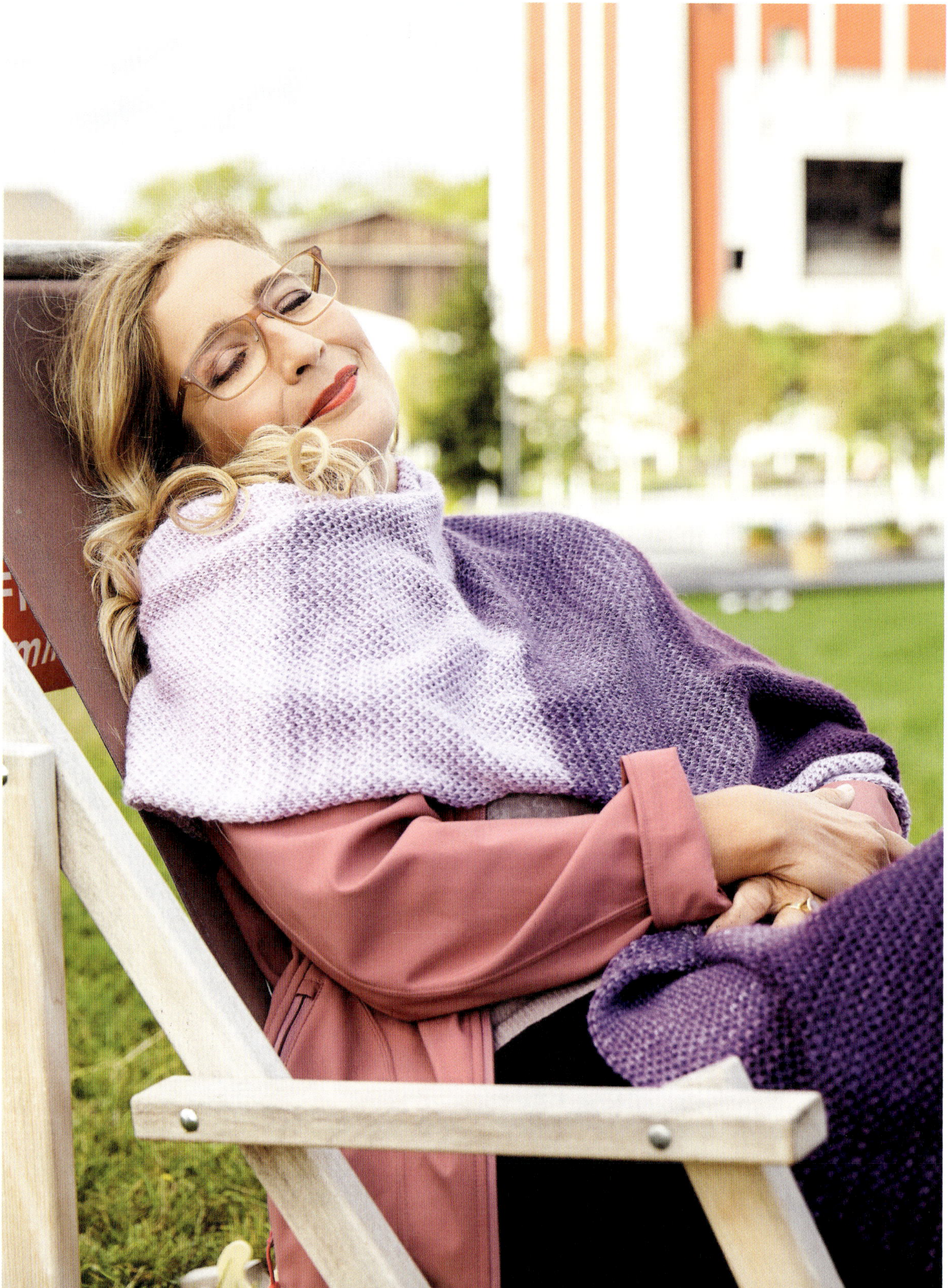

### BRIOCHE-MUSTER

M-Zahl teilbar durch 2 + 4.

***1. R (Hinr):*** DRdm, rechte M str bis 2 M vor R-Ende, DRdm.

***2. R (Rückr):*** DRdm, linke M str bis 2 M vor R-Ende, DRdm.

***3. R:*** DRdm, * 1 M rechts, 1 tiefer gestochene rechte M, ab * fortlaufend wdh, bis 2 M vor R-Ende, DRdm.

***4. R:*** DRdm, linke M str bis 2 M vor R-Ende, DRdm.

***5. R:*** DRdm, * 1 tiefer gestochene rechte M, 1 M rechts, ab * fortlaufend wdh, bis 2 M vor R-Ende, DRdm.

***6. R:*** DRdm, linke M str bis 2 M vor R-Ende, DRdm.

Die 1.–6. R 1x str, dann die 3.–6. R fortlaufend wdh.

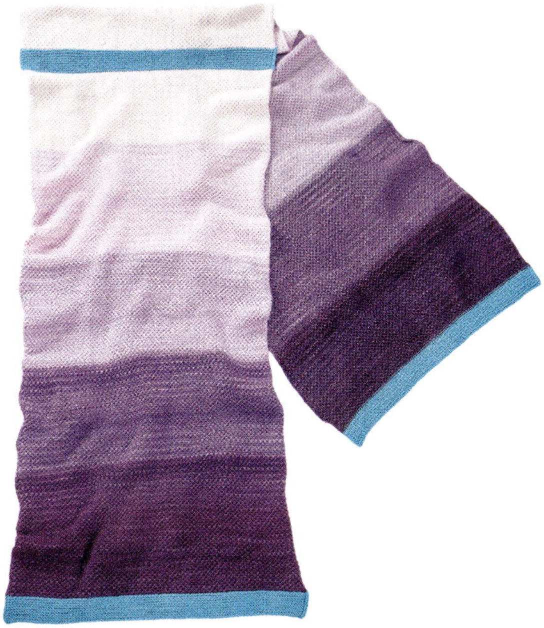

## ANLEITUNG

In Türkis 120 M anschl und zwischen den DRdm 19 R kraus rechts str (= 10 Rippen). Weiter in Nelke str, dabei das Knäuel von außen beginnen und zwischen den DRdm im Brioche-Muster str. Das Knäuel komplett verstr und mit einer Rückr enden.

Weiter in Türkis arb und 20 R kraus rechts str (= 10 Rippen). Anschließend weiter in Nelke str, dabei das Knäuel diesmal von innen beginnen, damit der Schal farblich symmetrisch beendet wird. Zwischen den DRdm im Brioche-Muster arb. Zum Schluss in Türkis noch 20 R kraus rechts (= 10 Rippen) arb, in der 21. R alle M abk.

### FERTIGSTELLEN

Alle Fäden vernähen. Die Stola in ein feuchtes Handtuch eindrehen, auf Maß spannen und trocknen lassen.

### Yvonnes Tipp

***Wer das Tuch lieber kürzer mag, beginnt einfach schon früher den mittleren Streifen in Türkis zu stricken. Dann aber vom 2. Knäuel in Puno Nelke so viel Garn abwickeln, dass der Farbverlauf symmetrisch zur ersten Hälfte erscheint.***

# UFFICIO

## Langer Patentschal mit Color-Blocking

***Ich brauchte dringend einen Schal, den ich auch gut im Büro zu offiziellen Terminen tragen kann. Etwas Cooles im Businesslook – ohne viel Schnickschnack, aber trendy und chic. „Ufficio" ist jetzt quasi mein Klassiker fürs Büro. Mit seiner relativ schmalen Form hat er genau den Pfiff, der mir lange fehlte.***

### SCHWIERIGKEITSGRAD

### GRÖSSE

20 cm x 210 cm

### MATERIAL

- Lana Grossa Brigitte No. 3 (LL 100 m/25 g) in Blau (Fb 13) und Nachtblau (Fb 12), je 75 g
- Rundstricknadel 7,0 mm, 100 cm lang

### MASCHENPROBE

Im Patentmuster mit Nd 6,0 mm
17 M und 22 R = 10 cm x 10 cm

### RANDMASCHEN

Die Rdm werden am Anfang und Ende jeder R über 3 M gestrickt.
***Hinr:*** 1 M rechts str, 1 M links abheben mit dem Faden vorn, 1 M rechts, mustergemäß str bis 3 M vor R-Ende, 1 M rechts, 1 M links abheben mit dem Faden vorn, 1 M rechts.
***Rückr:*** 1 M links abheben mit dem Faden vorn, 1 M rechts, 1 M links abheben mit dem Faden vorn, mustergemäß str bis 3 M vor R-Ende, 1 M links abheben mit dem Faden vorn, 1 M rechts, 1 M links abheben mit dem Faden vorn.

### PATENTMUSTER

Ungerade M-Zahl.
***1. R (Rückr):*** Rdm über 3 M, * 1 M rechts, 1 M mit U links abheben. Ab * fortlaufend wdh, 1 M rechts, Rdm über 3 M.
***2. R (Hinr):*** Rdm über 3 M, * 1 M mit U links abheben, die folgende M mit dem U rechts zusammenstr, ab * fortlaufend wdh, 1 M mit U links abheben. Rdm über 3 M.
***3. R (Rückr):*** Rdm über 3 M, * 1 M mit U rechts zusammenstr, 1 M mit U links abheben, ab * fortlaufend wdh, 1 M mit U rechts zusammenstr, Rdm über 3 M.

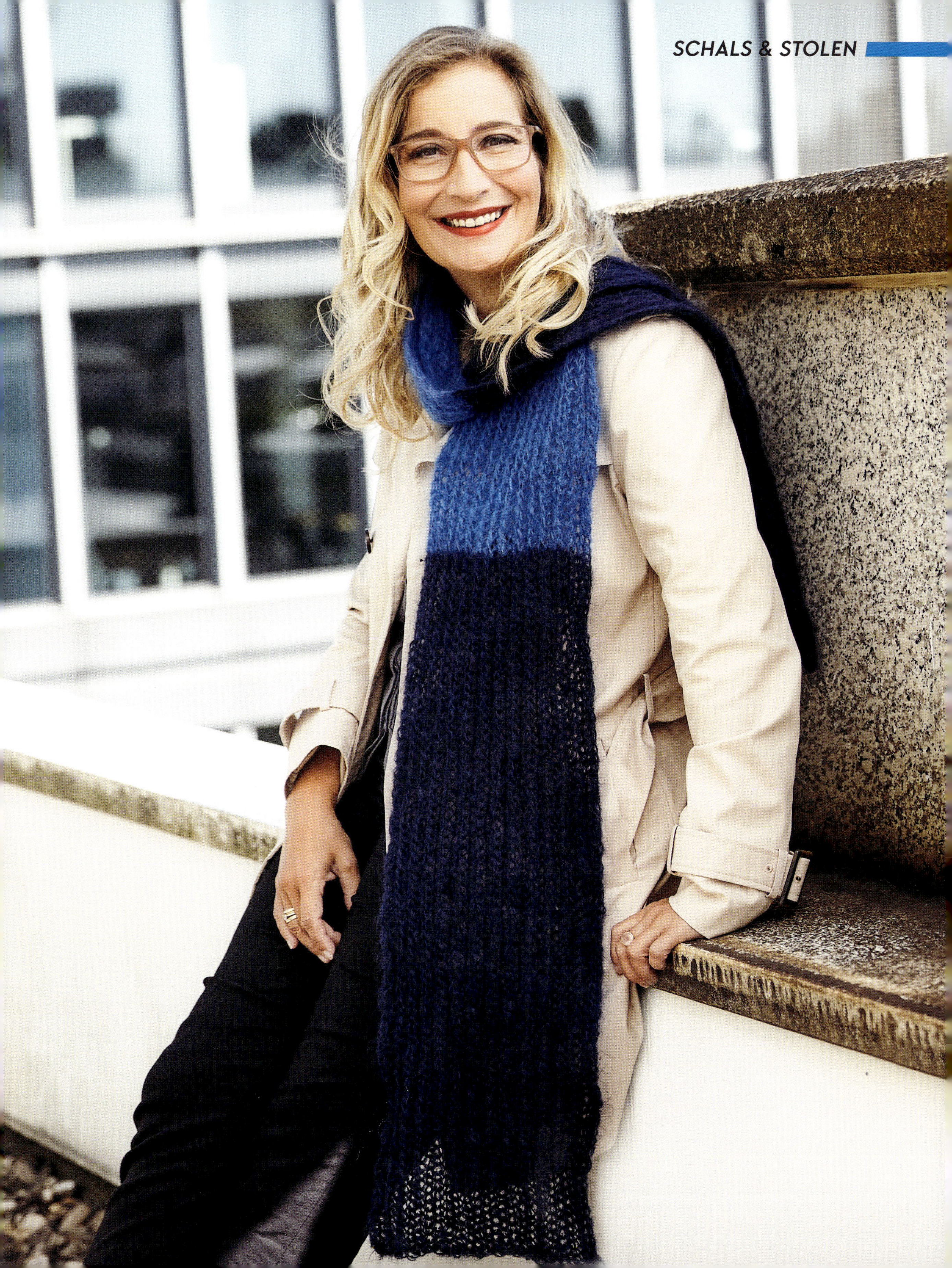

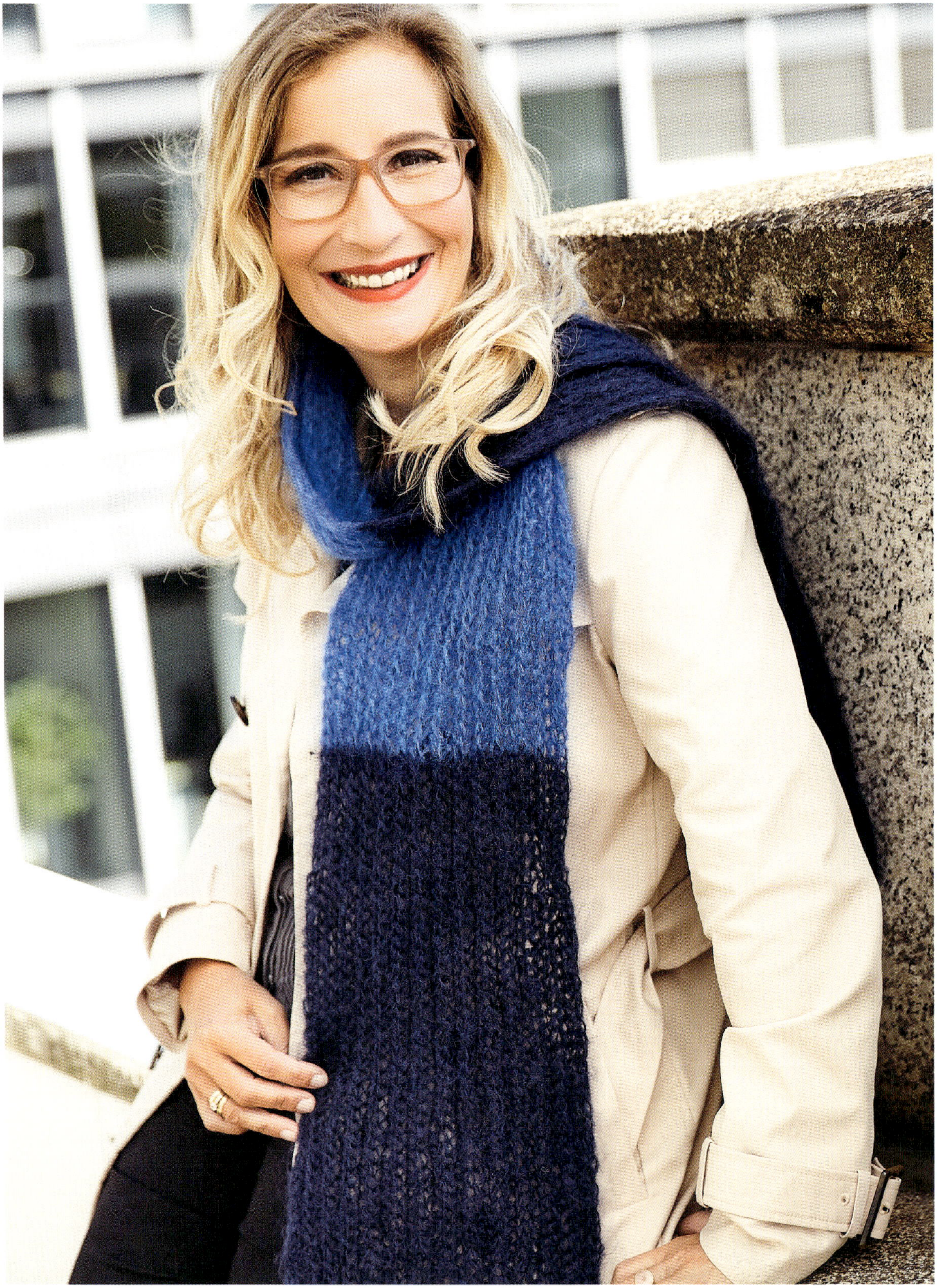

Die 1.-3. R 1x str, dann die 2.+3. R fortlaufend wdh.

HINWEIS *Nicht verwirren lassen: Die 1. Reihe ist tatsächlich eine Rückreihe.*

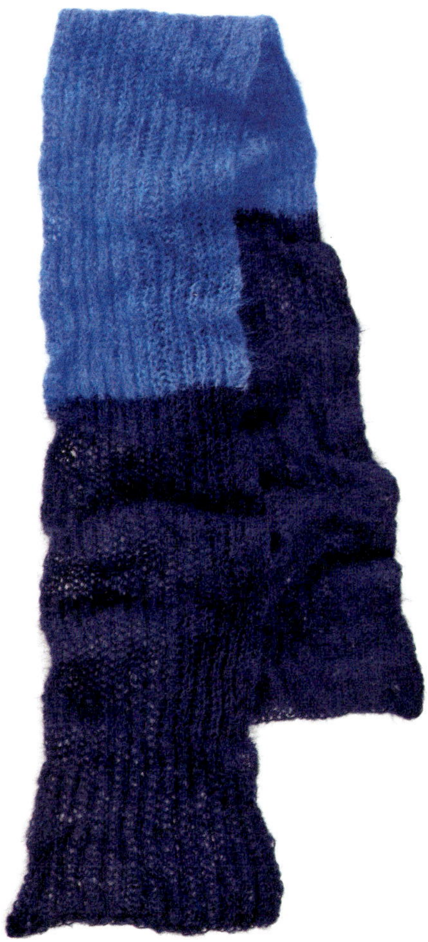

## ANLEITUNG

In Dunkelblau 33 M anschl und 52 cm im Patentmuster str. Anschließend 104 cm in Hellblau und noch einmal 52 cm in Dunkelblau str. Alle M abk.

### FERTIGSTELLEN

Alle Fäden vernähen. Das Tuch nicht dämpfen, damit das Mohairgarn seine Struktur behält.

### Yvonnes Tipps

***Ich schreibe mir die 2 Reihen des Grundmusters samt Randmaschen auf einen Zettel. So habe ich die Anleitung schnell zur Hand – eine große Hilfe, wenn das Projekt etwas ruhen musste oder ich das Buch gerade nicht zur Hand habe.***

***Für alle, die noch wenig Erfahrung mit dem Patentstricken haben: Das Muster zeigt sich erst nach einigen Reihen, und bei dieser Mohairwolle dauert es sogar noch länger. Aber keine Sorge: Das Resultat sieht klasse aus.***

# HOPE

## Extralanger Regenbogenschal

***2020 ist ein Jahr, das wir alle sicher nicht vergessen werden. Die Corona-Pandemie hat uns und unseren Alltag verändert. In den Zeiten, in denen wir alle viel Zeit zu Hause verbringen mussten, wollten aber vor allem die Kinder die Hoffnung nicht aufgeben. So malten im Frühjahr viele Familien gemeinsam Regenbögen auf die Straßen oder hängten Bilder in die Fenster. Bei meinen Spaziergängen durch die stille Stadt war ich immer ganz angerührt davon und wollte gerne auch ein sichtbares Zeichen tragen.***
***So entstand der ultralange aber fluffig leichte Schal „Hope", der mich daran erinnert, dass wir gemeinsam mehr schaffen und aushalten können als wir vermuten.***

### SCHWIERIGKEITSGRAD ♥♡♡

### GRÖSSE

300 cm x 24 cm

### MATERIAL

- Lana Grossa Brigitte No. 3 (LL 100 m/25 g) in Gelb (Fb 01), Orange (Fb 02), Rot (Fb 04), Violett (Fb 05), Lila (Fb 06), Blau (Fb 13) und Grün (Fb 15), je 25 g
- Rundstricknadel 6,0 mm, 100 cm lang

### MASCHENPROBE

Kraus rechts mit Nd 6,0 mm
17 M und 22 R = 10 cm x 10 cm

### KRAUS RECHTS

In Hin- und Rückr rechte M str.

### RANDMASCHEN

Die 1. M abheben, die letzte M rechts str.

### FARBFOLGE

Rot, Orange, Gelb, Grün, Blau, Lila, Violett

### FARBWECHSEL

*1. Hinr (neue Fb):* Alle M rechts str.
*2. Hinr (alte Fb):* Alle M links str.
*1. Rückr (alte Fb):* Alle M links str.
*2. Rückr (neue Fb):* Alle M rechts str.

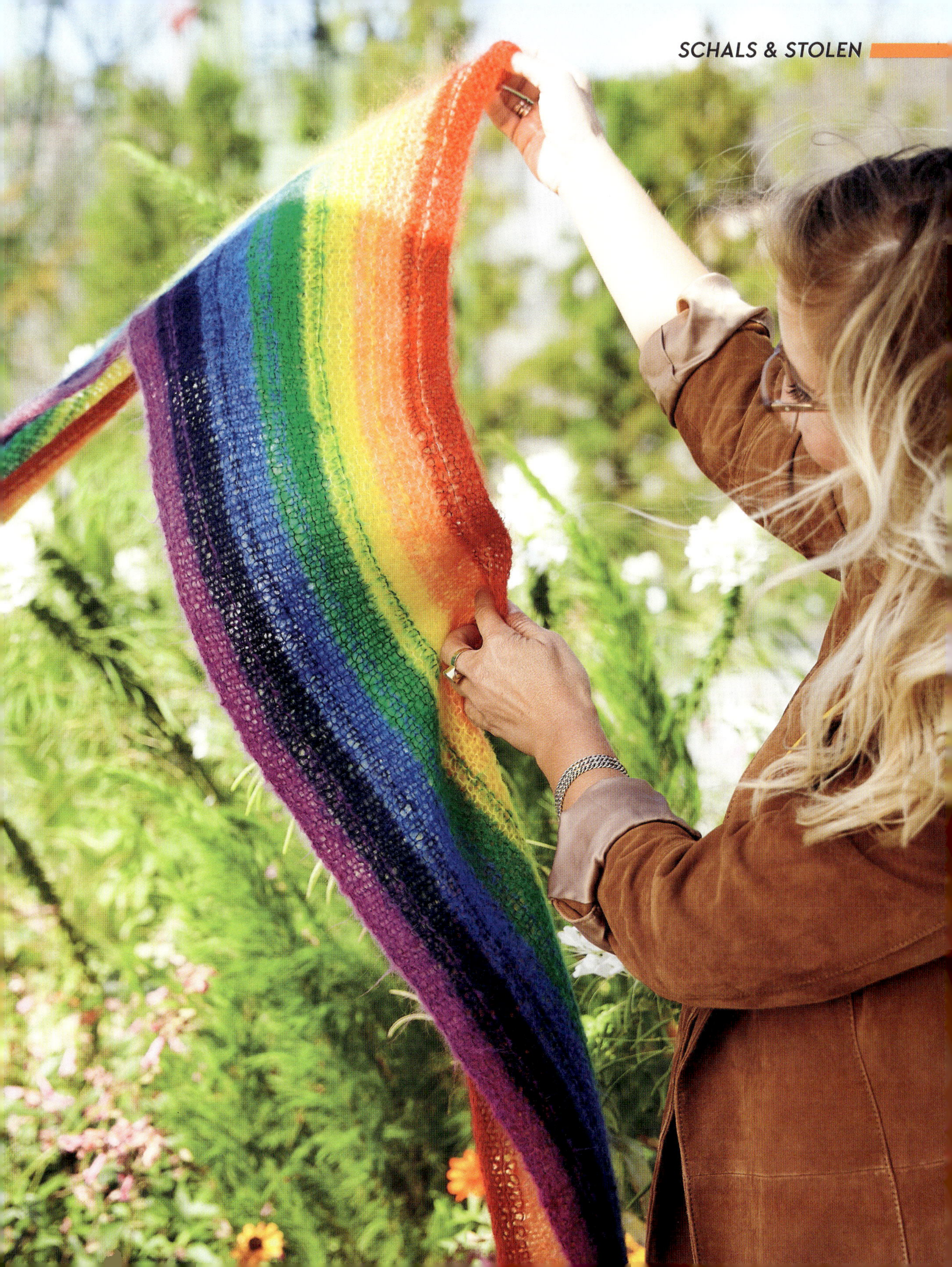

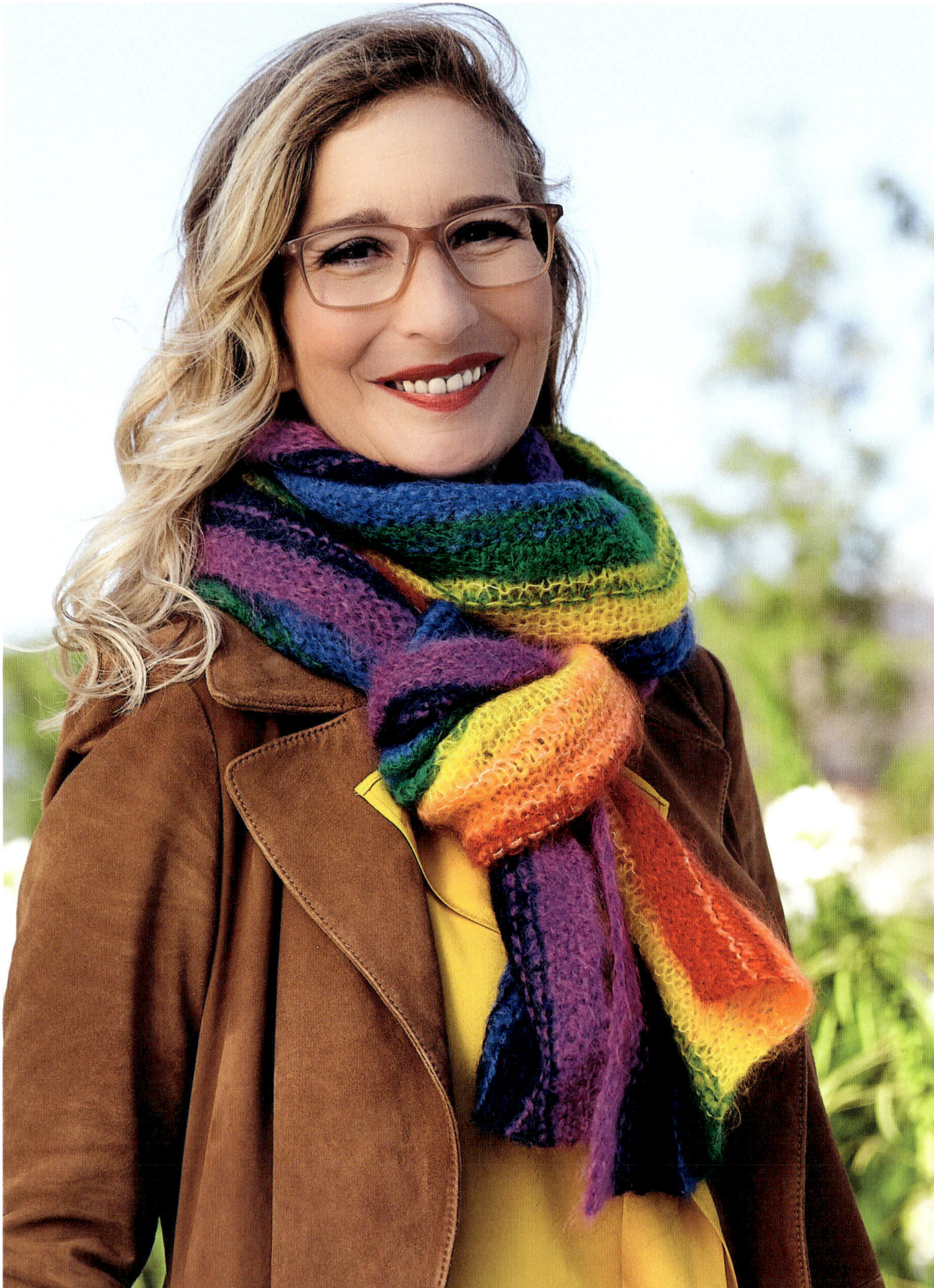

## ANLEITUNG

In Rot 510 M anschl und 6 R kraus rechts str, dabei die Rdm wie beschrieben arb. * Die folgende Hinr in der neuen Fb der Fb-Folge rechts str. Dann die M auf der Nd zurückschieben und in der alten Fb eine 2. Hinr links str. Erst jetzt wenden und die Rückr in der alten Fb links str, die M auf der Nd zurückschieben und die 2. Rückr in der neuen Fb rechts str. Weiter 6 R kraus rechts in der neuen Fb str. Ab * fortlaufend wdh und dabei die Fb-Folge beachten. Alle M locker abk.

### FERTIGSTELLEN

Alle Fäden vernähen.

### Yvonnes Tipps

***Damit die langen Regenbogenstreifen entstehen, wird der Schal quer, also von der breiten Seite her gestrickt. Wer die angegebene Breite verändern möchte, sollte zunächst eine Maschenrobe erstellen und dadurch die gewünschte Breite berechnen.***

***Das Tuch nicht dämpfen oder spannen. Das Mohairgarn ist unbelassen am schönsten.***

# COCO COUTURE

## Stola à la mode française

***Ich liebe Hebemaschenmuster in jeder Form. Es macht mir Spaß, immer wieder neue Varianten auszuprobieren. „Coco Couture" strickte ich im Frühjahr, und bei mir im Garten blühten die Pfingstrosen. Die breite Stola erinnert an das bekannte Design eines großen französischen Modehauses, kommt aber durch die Farbgebung ganz frisch und modern daher. Ein perfekter Begleiter für den Frühling oder eine schicke Strandparty.***

### SCHWIERIGKEITSGRAD ♥♡♡

### GRÖSSE

35 cm x 210 cm

### MATERIAL

- Lana Grossa Linea Pura Certo Print (LL 115 m/ 50 g) in Rosa/Gelborange/Natur (Fb 101), 100 g
- Lana Grossa Linea Pura Certo (LL 115 m/50 g) in Pink (Fb 03), 150 g
- Rundstricknadel 8,0 mm, 60 cm lang
- Wollnadel

### MASCHENPROBE

Im Hebemaschenmuster mit Nd 8,0 mm
14 M und 21 R = 10 cm x 10 cm

### RANDMASCHEN

Alle Rdm rechts verschränkt str.

### HEBEMASCHENMUSTER

*1. Hinr (Pink):* Rdm, * 1 M rechts, 1 M links abheben mit dem Faden vorn. Ab * fortlaufend wdh, Rdm.
Alle M auf der Nd zurückschieben.
*2. Hinr (Rosa/Gelborange/Natur):* Alle M rechts str.
*1. Rückr (Pink):* Rdm, * 1 M links, 1 M links abheben mit dem Faden hinten. Ab * stets wdh, Rdm.
Alle M auf der Nd zurückschieben.
*2. Rückr (Rosa/Gelborange/Natur):* Rdm, linke M str, Rdm.
Diese 2 Hin- und Rückr fortlaufend wdh.

HINWEIS *Das Garn wird mit größeren Nadeln als auf der Banderole angegeben gestrickt. So erhält die Stola eine etwas luftigere Struktur.*

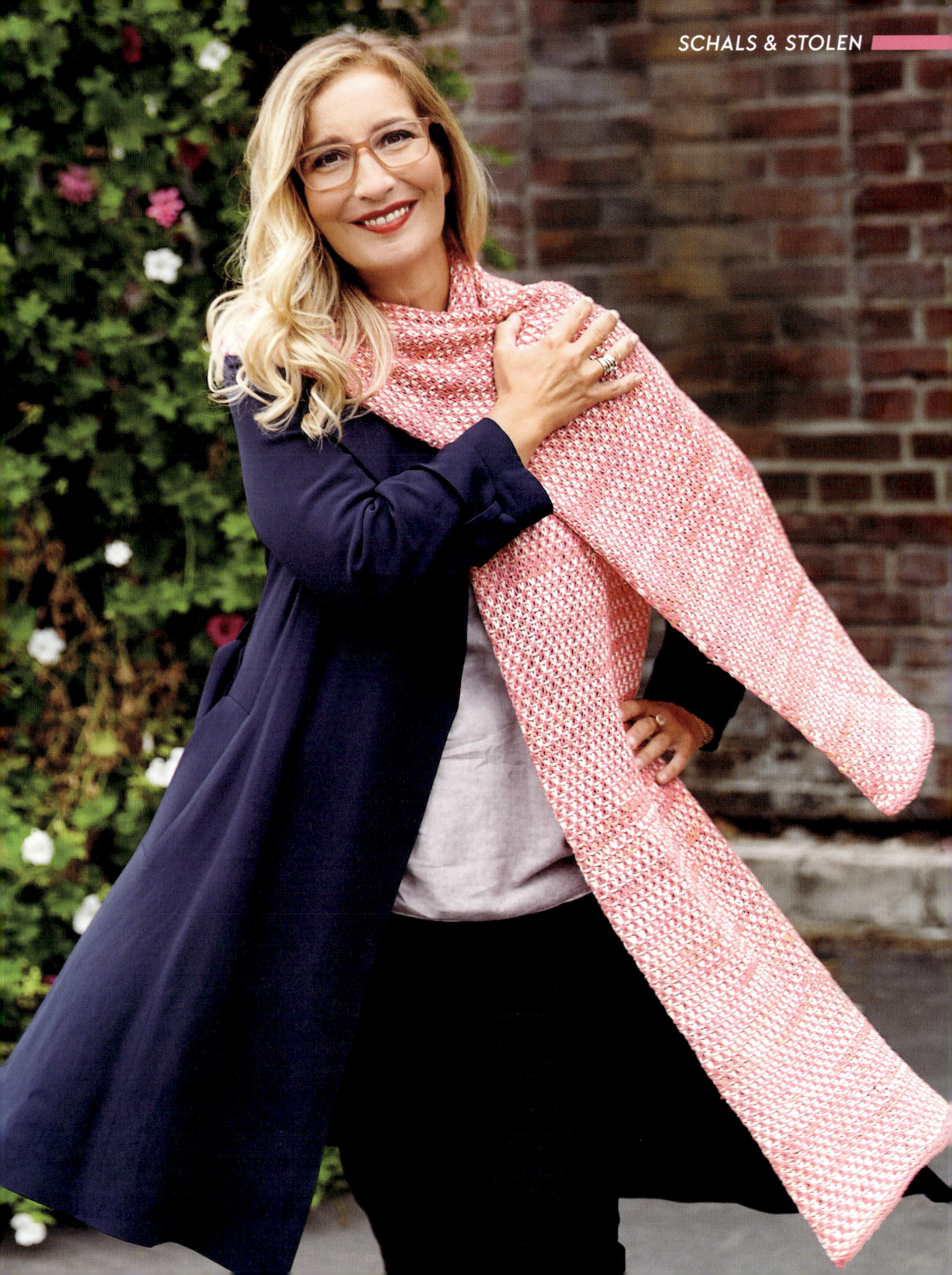

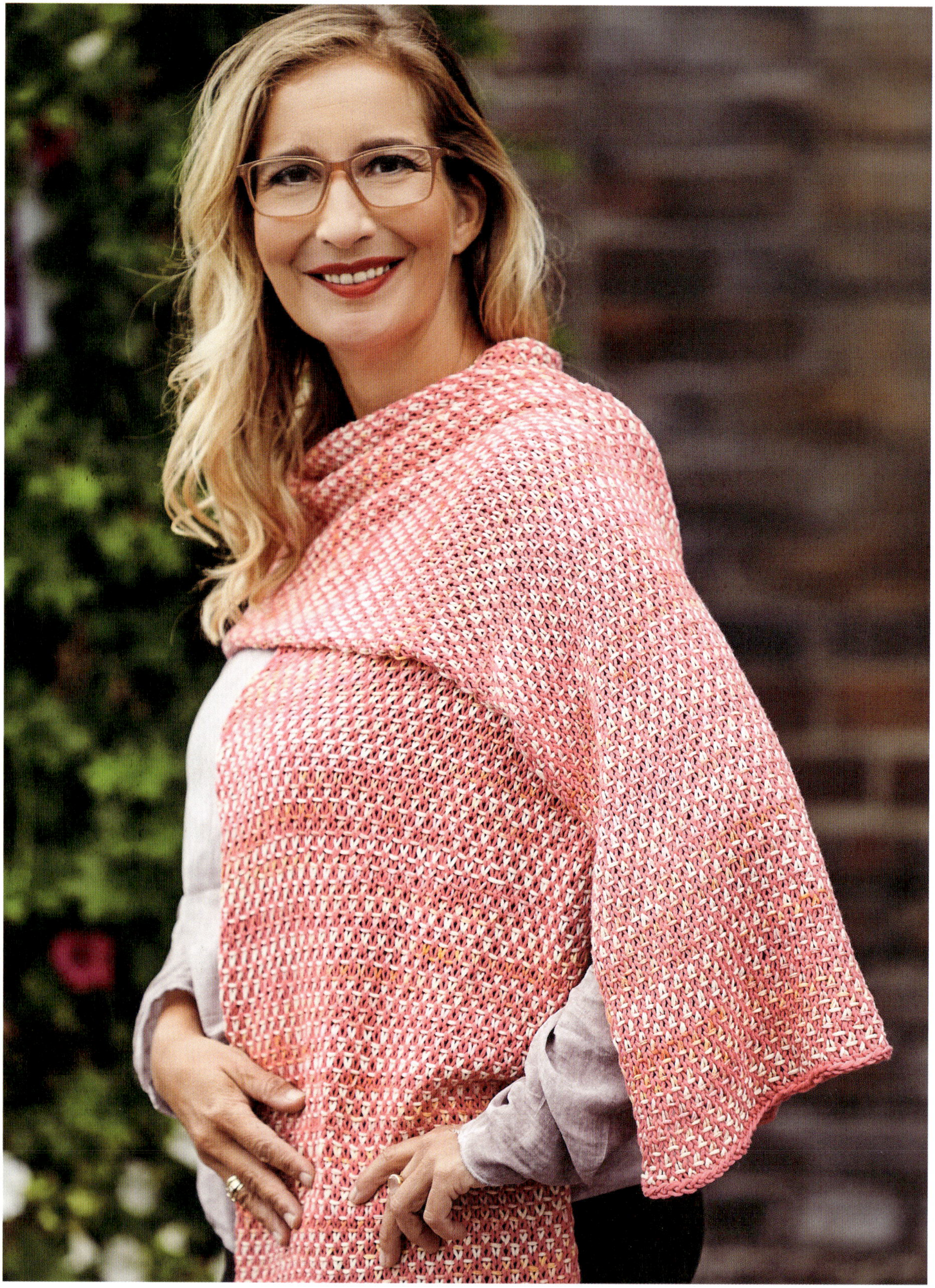

## ANLEITUNG

50 M in Pink anschl und weiter im Hebemaschenmuster str. Nach einer Länge von 210 cm nach einer 2. Rückr in Rosa/Gelborange/Natur noch 1 R rechte M in Pink arb und dabei alle M locker abk.

### FERTIGSTELLEN

Alle Fäden vernähen. Den Schal anfeuchten, auf die angegebene Größe spannen und trocknen lassen.

### Yvonnes Tipps

***Wer mag, strickt die Stola etwas kürzer und arbeitet Fransen in die Enden – so wird der Look noch französischer.***

***Die Randmaschen werden verschränkt gestrickt, dadurch passt sich der Rand nach dem Spannen sehr schön an.***

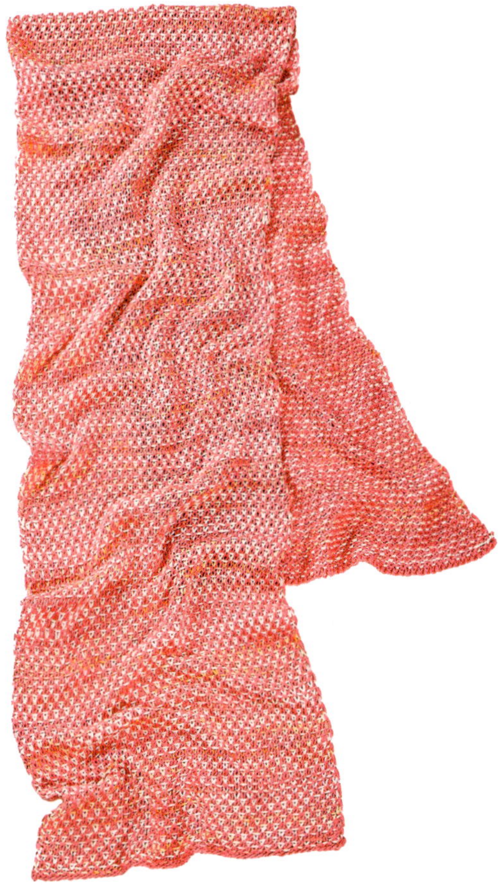

# PEPITA BUBBLE

## Loop mit Mosaikmuster

***Mustermix ist ein Trend, der mich schon lange fasziniert. Langeweile beim Stricken kann bei mir sonst schnell zu einem „UFO" (unfertigem Objekt) führen. Darum ist dieser Loop einfach perfekt: Die Muster machen Spaß, sind effektvoll und können in mein Musterbuch („Da mach ich nochmal was anderes draus") übernommen werden. Sowohl das Pepita- als auch das Bubble-Muster haben das Zeug zum Klassiker. Sie sind vielfältig zu verwenden – Bubble könnte auch eine schöne Abschlusskante für ein neues Dreieckstuch werden, oder?***

### SCHWIERIGKEITSGRAD ♥♥♡

### GRÖSSE

42 cm hoch, Umfang 84 cm

### MATERIAL

- Rosy Green Wool Merino d'Arles (LL 200 m/ 50 g) in Mistral (Fb 309), Ocre (Fb 301) und Camargue (Fb 307), je 50 g
- Rundstricknadel 3,0 mm
- Wollnadel

### MASCHENPROBE

Kraus rechts mit Nd 3,0 mm
26 M und 44 R = 10 cm x 10 cm

### GLATT RECHTS

In Rd alle M rechts str.

### KRAUS RECHTS

In Rd 1 Rd rechte M, 1 Rd linke M im Wechsel str.

### FARBFOLGE

4 Rd in Mistral und 4 Rd in Camargue im Wechsel str.

### TIEFER GESTOCHENE MASCHEN

Die Arbeitsnd nicht in die M einstechen, die auf der linken Nd liegt, sondern 7 Rd tiefer. Den Faden holen, die darunter liegenden M auflösen, die tiefergestochene M fest anziehen.

### AUS 1 MASCHE 2 MASCHEN HERAUSSTRICKEN

1 M rechts str und auf der linken Nd lassen. Dann noch einmal von hinten in diese M einstechen und rechts str. Die M von der linken Nd gleiten lassen.

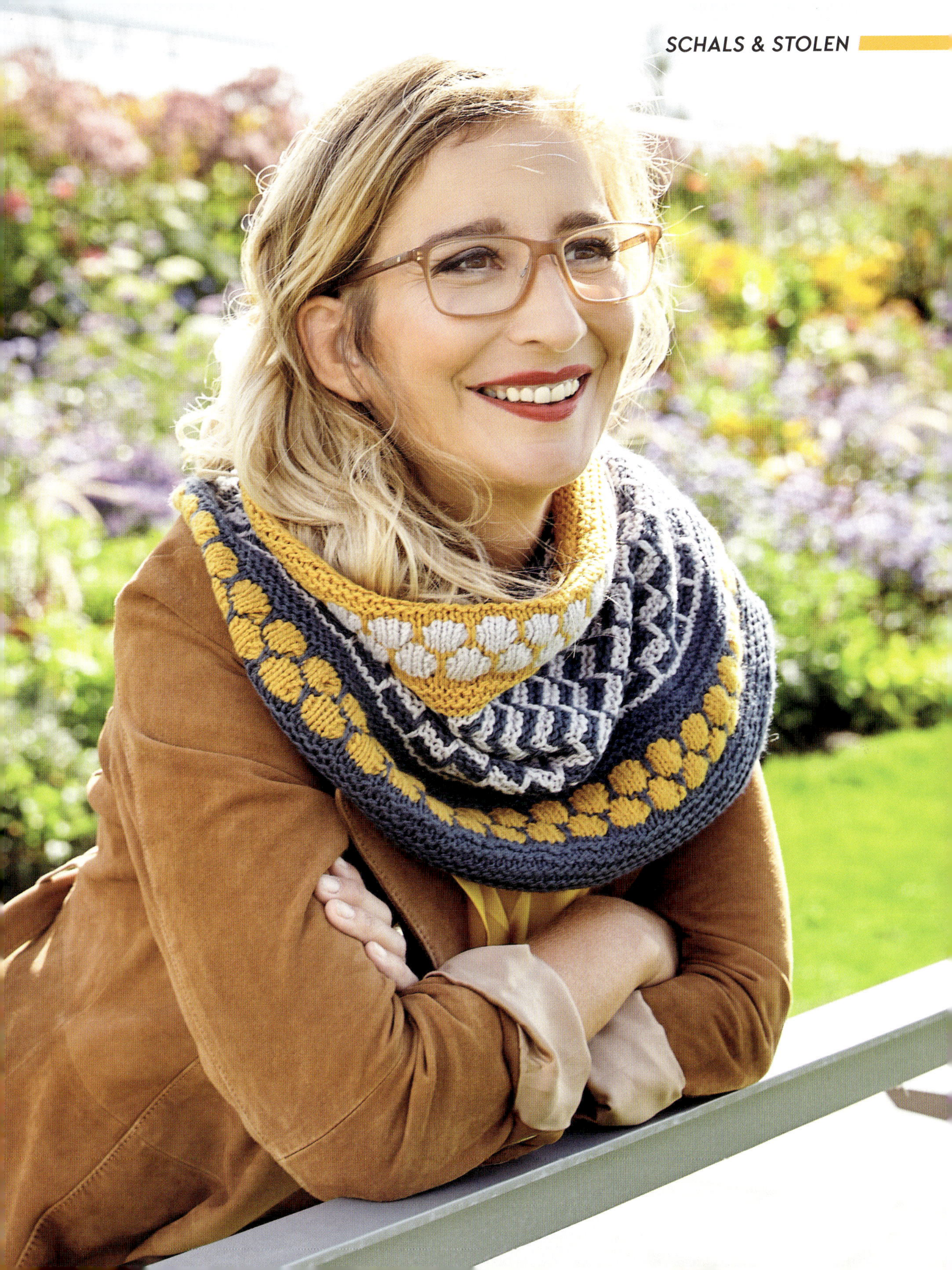

### BUBBLE-MUSTER

M-Zahl teilbar durch 4 + 3.

*1.–8. Rd:* Glatt rechts str.

*9. Rd:* 1 M rechts, 1 M 7 Rd tiefer eingestochen str, * 3 M rechts, 1 M 7 Rd tiefer eingestochen str. Ab * fortlaufend wdh, enden mit 1 M rechts.

*10.–16. Rd:* Glatt rechts str.

*17. Rd:* * 3 M rechts, 1 M 7 Rd tiefer eingestochen str. Ab * fortlaufend wdh, enden mit 3 M rechts.

### PEPITA-MUSTER

M-Zahl teilbar durch 5.

*1. Rd (Mistral):* 2 M rechts, 1 M wie zum Linksstr abheben mit dem Faden hinten, * 4 M rechts, 1 M wie zum Linksstr abheben ab * fortlaufend wdh. Enden mit 2 M rechts.

*2. Rd:* 2 M links, 1 M wie zum Linksstr abheben mit dem Faden hinten, * 4 M links, 1 M wie zum Linksstr abheben, ab * fortlaufend wdh. Enden mit 2 M links.

*3.+4. Rd:* Wie die 1.+2. Rd str.

*5. Rd (Camarque):* 3 M rechts, 1 M wie zum Linksstr abheben mit dem Faden hinten, * 4 M rechts, 1 M wie zum Linksstr abheben, ab * fortlaufend wdh. Enden mit 1 M rechts.

*6. Rd:* 3 M links, 1 M wie zum Linksstr abheben mit dem Faden hinten, * 4 M links, 1 M wie zum Linksstr abheben, ab * fortlaufend wdh. Enden mit 1 M links.

*7.+8. Rd:* Wie die 5.+6. Rd str.

*9. Rd (Mistral):* * 4 M rechts, 1 M wie zum Linksstr abheben ab * fortlaufend wdh.

*10. Rd:* * 4 M links, 1 M wie zum Linksstr abheben ab * fortlaufend wdh.

*11.+12. Rd:* Wie die 9.+10. Rd str.

*13. Rd (Camarque):* 1 M wie zum Linksstr abheben, * 4 M rechts, 1 M wie zum Linksstr abheben ab * fortlaufend wdh. Enden mit 4 M rechts.

*14. Rd:* 1 M wie zum Linksstr abheben, * 4 M links, 1 M wie zum Linksstr abheben ab * fortlaufend wdh. Enden mit 4 M links.

*15.+16. Rd:* Wie die 13.+14. Rd str.

*17. Rd (Mistral):* 1 M rechts, 1 M wie zum Linksstr abheben, * 4 M rechts, 1 M wie zum Linksstr abheben ab * fortlaufend wdh. Enden mit 3 M rechts.

*18. Rd:* 1 M links, 1 M wie zum Linksstr abheben, * 4 M links, 1 M wie zum Linksstr abheben, ab * fortlaufend wdh. Enden mit 3 M links.

*19.+20. Rd:* Wie die 17.+18. Rd str.

Die 1.–20. Rd fortlaufend wdh. Achtung! Dabei aber die Fb-Folge beachten, d. h. immer nach 4 Rd die Fb wechseln.

## ANLEITUNG

In Mistral 159 M anschl und zur Rd schließen. Den Rd-Anfang markieren.

*1.–5. Rd:* Alle M links str.

*6.–13. Rd:* Alle M rechts str.

Nun im Bubble-Muster str.

*14.+15. Rd (Mistral):* Die 1.+2. Rd des Bubble-Musters str.

*16.–21. Rd (Ocre):* Die 3.–8. Rd des Bubble-Musters str.

*22.+23. Rd (Mistral):* Die 9.+10. Rd des Bubble-Musters str.

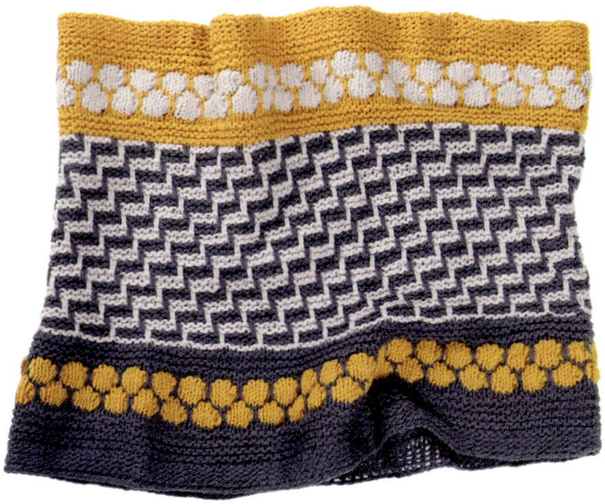

*24.–29. Rd (Ocre):* Die 11.–16. Rd des Bubble-Musters str.
*30. Rd (Mistral):* Die 17. Rd des Bubble-Musters str.
*31. Rd:* Alle M rechts str.
*32. Rd:* Alle M rechts str.
*33. Rd:* Alle M links str.
*34. Rd:* Alle M rechts str.
*35. Rd:* Alle M links str.
*36. Rd:* Alle M rechts str.
*37. Rd:* Alle M links str.
*38. Rd (Camarque):* Alle M rechts str, dabei in der Mitte der Rd aus 1 M 2 M rechts herausstr (= 160 M).
*39. Rd:* Alle M rechts str.
Weiter im Pepita-Muster str.
*40.–107. Rd:* Im Pepita-Muster str.
*108. Rd (Camarque):* Alle M rechts str, dabei in der Mitte der Rd 2 M rechts zusammenstr (= 159 M).
*109. Rd:* Alle M rechts str.
*110.–115. Rd (Ocre):* Wie die 32.–37. Rd str.
Nun wieder das Bubble-Muster str, allerdings in geänderten Fb:
*116.+ 117. Rd (Ocre):* Wie die 1.+2. Rd des Bubble-Musters str.
*118.–123. Rd (Camarque):* Wie die 3.–8. Rd des Bubble-Musters str.
*124.+125. Rd (Ocre):* Wie die 9.+10. Rd des Bubble-Musters str.
*126.–131. Rd (Camarque):* Wie die 11.–16. Rd des Bubble-Musters str.
*132. Rd (Ocre):* Wie die 17. Rd des Bubble-Musters str.
*133. Rd:* Alle M rechts str.
*134.–146. Rd:* Wie die 1.–13. Rd des Loops str.
Alle M locker abk.

## FERTIGSTELLEN

Alle Fäden vernähen. Das Tuch anfeuchten und locker aufspannen.

### Yvonnes Tipps

***Das Bubble-Muster sieht auch von der Rückseite gut aus. Einfarbig gestrickt ist es eine schöne Möglichkeit, Tücher oder Schals zu strukturieren.***
***Der Loop eignet sich gut, um Wollreste zu verwerten und immer wieder neue Farbgebungen zu kreieren.***

# TRENZA

## Rippenschal mit Zopfmuster

***Natürlich gehört ein gezopfter Schal für Männer und Frauen unbedingt mit in dieses Buch! Ich liebe Zopfmuster, und der rustikale Look lässt sicher auch viele Männerherzen höher schlagen. Fransen gehören bei der Frauenvariante unbedingt dazu – bei den Herren dürfen die auch fehlen. Dem Meinigen ist das zu verspielt – aber Ihr könnt ja auch einfach fragen. Übrigens, auch wichtig wegen der Länge: Während bei mir Schals niemals zu lang sein können, braucht mein Mann nicht so viel Wolle um den Hals.***

### SCHWIERIGKEITSGRAD ♥♥♡

### GRÖSSEN

Damenschal: 30 cm x 220 cm
Herrenschal: 26 cm x 180 cm

### MATERIAL

- Rundstricknadeln 4,5 mm und 5,0 mm, 60 cm lang
- Zopfnadel
- Häkelnadel 5,0 mm
- Wollnadel

#### Damenschal

- Lana Grossa Mary's Tweed (LL 135 m/50 g) in Dunkelrot meliert (Fb 05), 350 g

#### Herrenschal

- Lana Grossa Mary's Tweed (LL 135 m/50 g) in Graublau meliert (Fb 12), 250 g

### MASCHENPROBE

Im Zopfmuster mit Nd 5,0 mm (leicht gedehnt) 21 M und 22 R = 10 cm x 10 cm

### DOPPELTE RANDMASCHE

Die Rdm am Anfang und Ende jeder R über 2 M str: 1 M links abheben mit dem Faden vorn, 1 M rechts str, mustergemäß str bis 2 M vor R-Ende, 1 M links abheben mit dem Faden vorn, 1 M rechts str.

### RIPPENMUSTER

M-Zahl teilbar durch 4 + 4.
***Hinr:*** DRdm, 1 M rechts, * 2 M links, 2 M rechts, ab * fortlaufend wdh, enden mit 2 M links, 1 M rechts, DRdm.
***Rückr:*** Zwischen den DRdm die M str, wie sie erscheinen.
Diese beiden R fortlaufend wdh.

### ZOPFMUSTER

In R nach der Strickschrift arb. Es sind nur die Hinr gezeichnet, in den Rückr die M str, wie sie erscheinen.
Die 1.–25. R fortlaufend wdh.

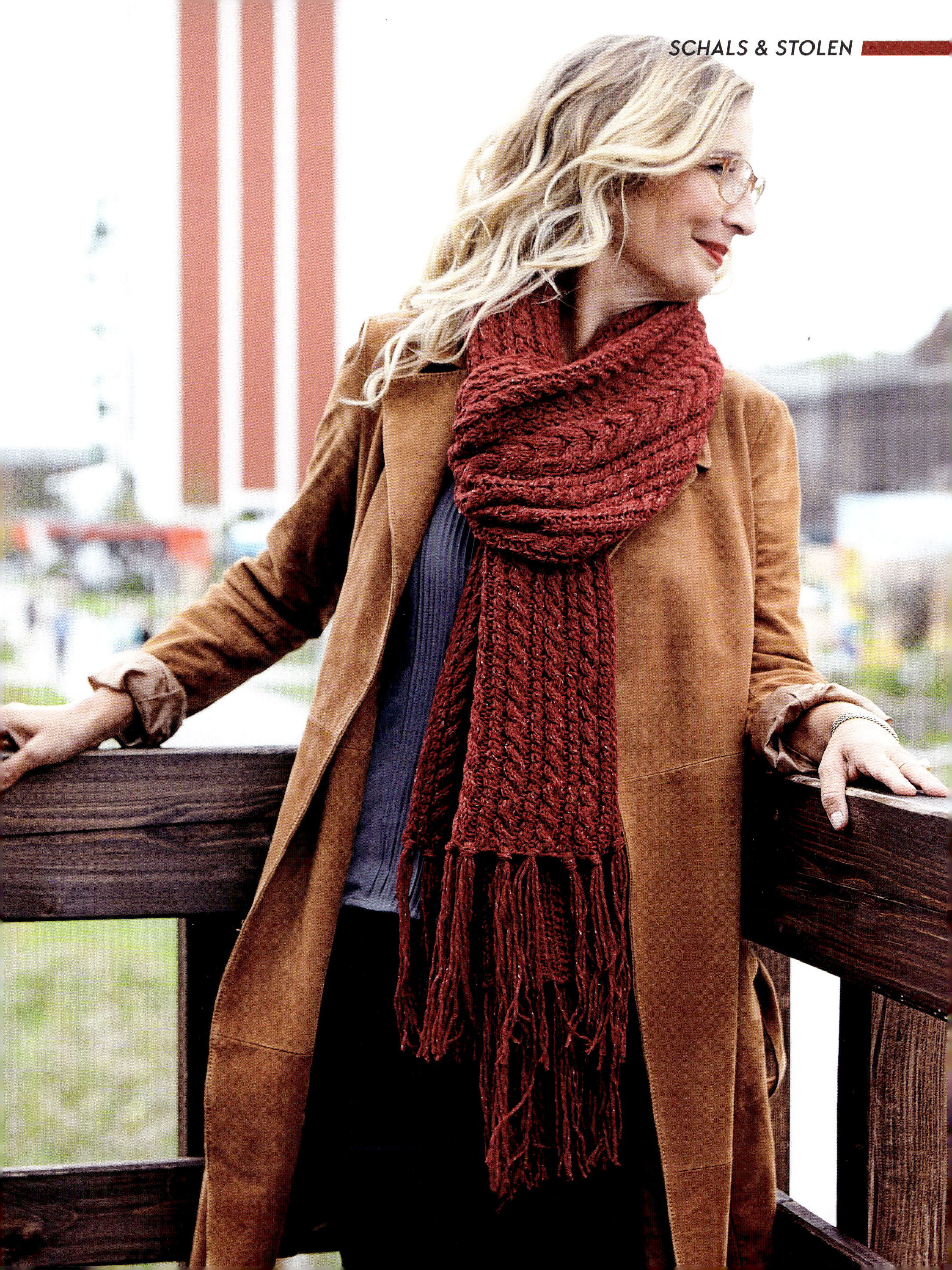

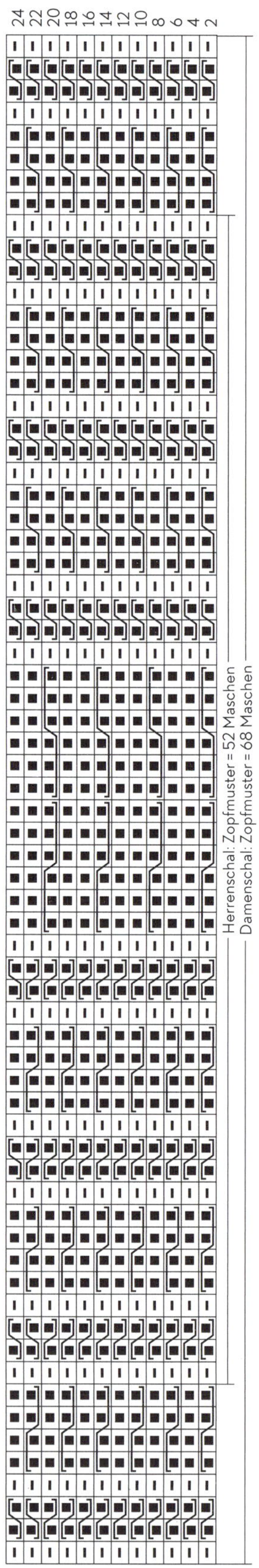


- = 1 Masche links
- = 1 Masche auf einer Hilfsnadel hinter die Arbeit legen, 1 Masche rechts stricken, dann die Masche der Hilfsnadel rechts stricken
- = 1 Masche auf einer Hilfsnadel vor die Arbeit legen, 1 Masche rechts stricken, dann die Masche der Hilfsnadel rechts stricken
- = 2 Maschen auf einer Hilfsnadel hinter die Arbeit legen, 2 Maschen rechts stricken, dann die Maschen der Hilfsnadel rechts stricken
- = 2 Maschen auf einer Hilfsnadel vor die Arbeit legen, 2 Maschen rechts stricken, dann die Maschen der Hilfsnadel rechts stricken
- = 3 Maschen auf einer Hilfsnadel hinter die Arbeit legen, 3 Maschen rechts stricken, dann die Maschen der Hilfsnadel rechts stricken
- = 3 Maschen auf einer Hilfsnadel vor die Arbeit legen, 3 Maschen rechts stricken, dann die Maschen der Hilfsnadel rechts stricken

# ANLEITUNG

## DAMENSCHAL

Mit Nd 5,0 mm 72 M anschl und das Zopfmuster gemäß Strickschrift über 68 M str, an beiden Rändern DRdm arb. In einer Höhe von ca. 220 cm, möglichst in einer 4., 10., 16. oder 22. Musterr, alle M abk, dabei immer 2 rechte Zopfmaschen zuerst zusammenstr und dann abk, damit der Rand etwas fester wird.

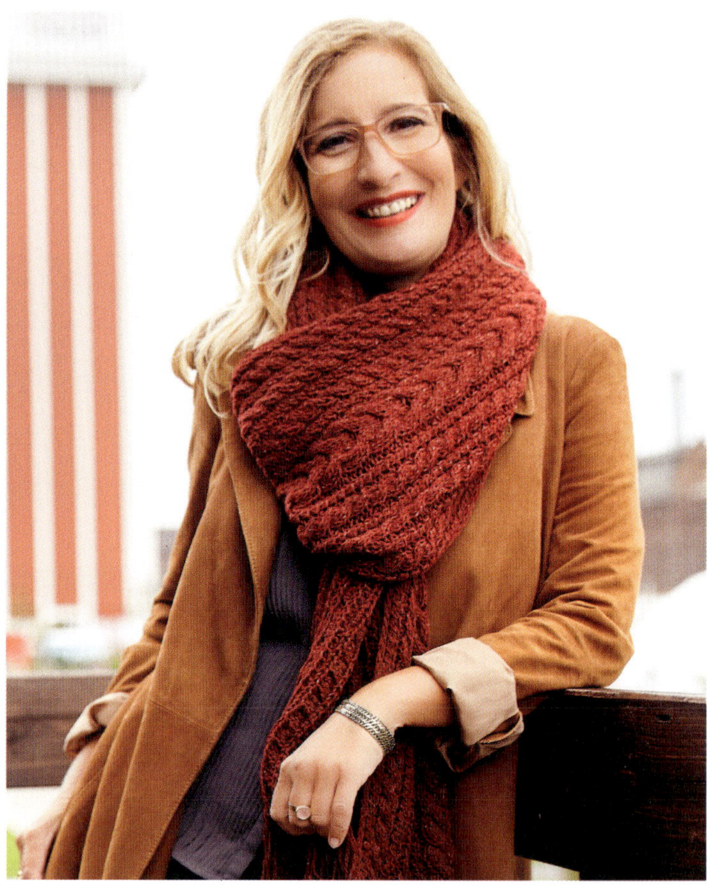

## HERRENSCHAL

Mit Nd 4,5 mm 52 M anschl und im Rippenmuster mit DRdm str. In einer Höhe von ca. 6 cm in der nächsten Rückr gleichmäßig verteilt 4x je 1 M aus dem Querfaden zwischen 2 M herausstr (= 56 M). Weiter mit Nd 5,0 mm das Zopfmuster gemäß Strickschrift über 52 M str, die DRdm dabei fortführen. In einer Höhe von ca. 174 cm in der nächsten Rückr (möglichst in einer 5., 11., 17. oder 23. Musterr) wie folgt M zusammenstr: DRdm, 1 M rechts, * 2 M links, 2 M rechts. Ab * noch 3x wdh, 2 M links, 2 M rechts zusammenstr, 2 M rechts zusammenstr, 2 M links, 2 M rechts, 2 M links, 2 M rechts zusammenstr, 2 M rechts zusammenstr, ** 2 M links, 2 M rechts. Ab ** noch 3x wdh, 2 M links, 1 M rechts, DRdm. Zu Nd 4,5 mm wechseln und zwischen den DRdm noch 6 cm im Rippenmuster str. In der nächsten R alle M abk.

## FERTIGSTELLEN

Alle Fäden vernähen. Den Schal anfeuchten, auf die entsprechende Größe spannen und trocknen lassen. Beim Damenschal an die Anschlag- und Abkettkante noch jeweils 13 Fransen mit ca. 18 cm Länge einknüpfen. Für eine Franse 4 ca. 42 cm lange Fäden abschneiden, zur Hälfte legen und mit der Häkelnd einknoten. Zum Schluss alle Fransen auf eine einheitliche Länge schneiden.

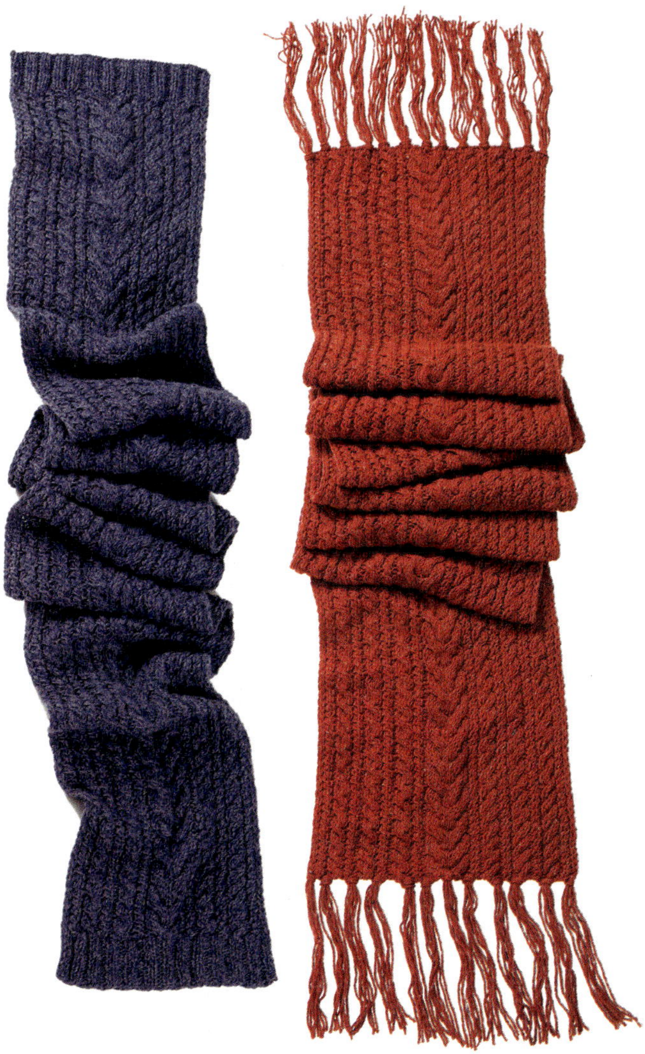

### Yvonnes Tipps

***Wer keine Lust auf Fransen hat, kann den Schal natürlich auch „ohne" tragen. Alternativ kann man auch kleine Quasten oder Pompons anfertigen und an die Ecken nähen.***
***Die Länge der Schals kann natürlich nach Lust und Laune variiert werden, dabei aber ggf. eine Änderung des Materialverbrauchs beachten.***

# LILY

## Blütenstola mit Ajourmuster

***Der Frühling kommt, und da brauchen wir auf jeden Fall „Lily“, um uns vor den kühlen Abendstunden zu schützen. Die Wolle lässt sich wunderbar verstricken und durch den Trick, zwei Teile zusammenzusetzen, besticht dieses Modell durch Symmetrie und Leichtigkeit!***

### SCHWIERIGKEITSGRAD ♥♥♡

### GRÖSSE

50 cm x 220 cm

### MATERIAL

- Woll Butt Primo Linda (LL 98 m/50 g) in Lindgrün (Fb 12627), 600 g
- Rundstricknadel 4,0 mm, 80 cm lang
- Hilfsnadel
- Wollnadel

### MASCHENPROBE

Glatt rechts mit Nd 4,0 mm
20 M und 26 R = 10 cm x 10 cm

### GLATT RECHTS

In Hinr rechte M, in Rückr linke M str.

### DOPPELTE RANDMASCHE

Die Rdm am Anfang und Ende jeder R über 2 M str: 1 M links abheben mit dem Faden vorn, 1 M rechts str, mustergemäß str bis 2 M vor R-Ende, 1 M links abheben mit dem Faden vorn, 1 M rechts str.

### STRICKSCHRIFT 1–3

In R gemäß Strickschrift arb. Es sind nur die Hinr gezeichnet. In den Rückr alle M und U links str. Mit den M vor dem Rapport beginnen, den Rapport fortlaufend wdh und mit den M nach dem Rapport enden.

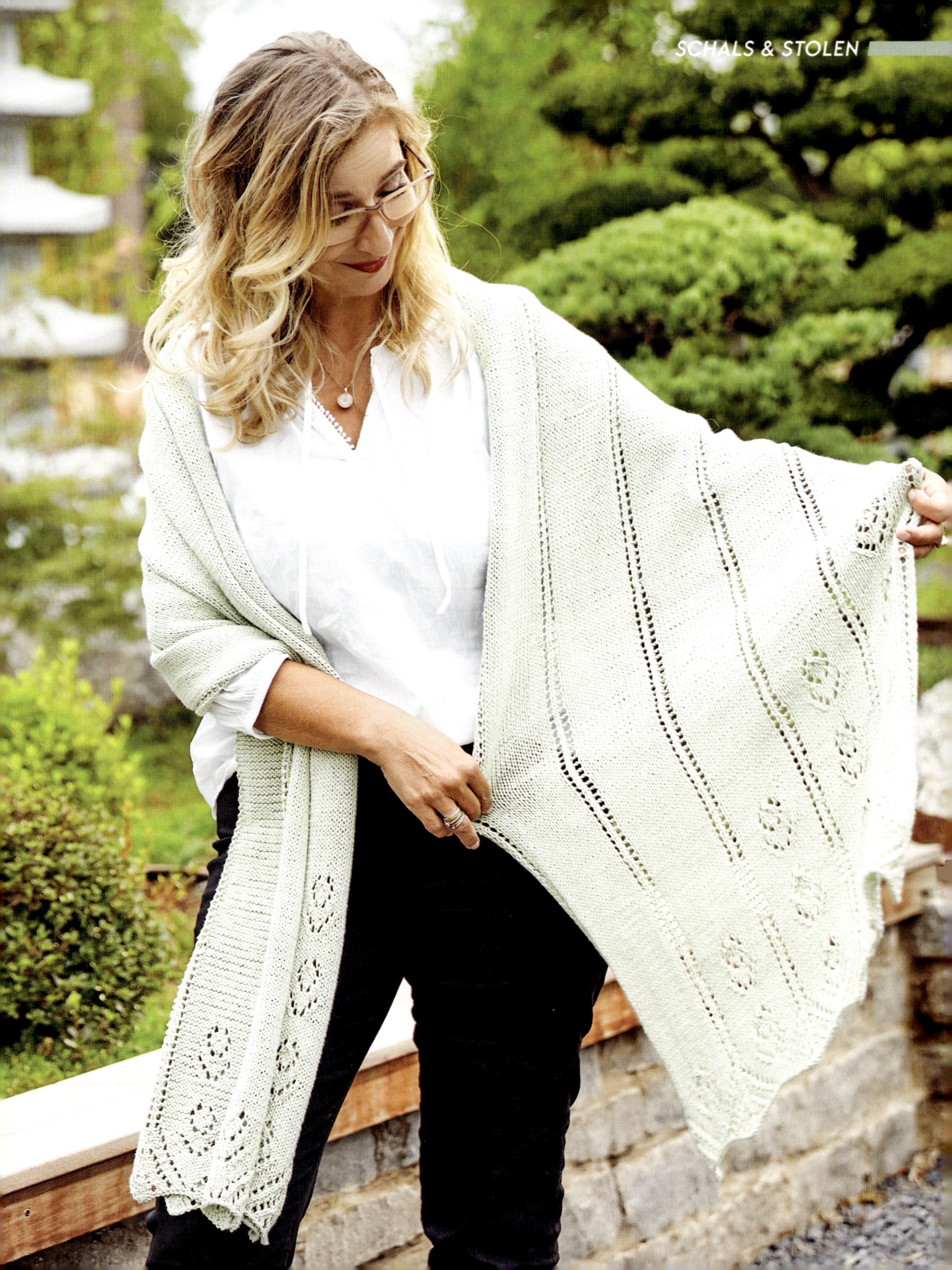

**Strickschrift 1**

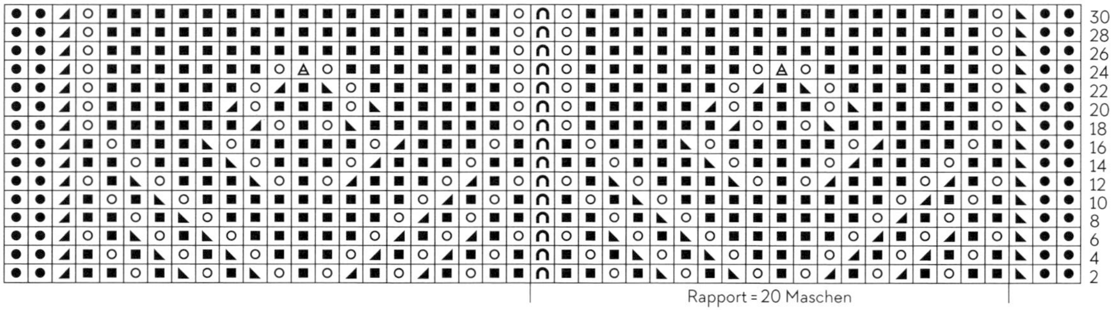

● = 1 Randmasche

■ = 1 Masche rechts

○ = 1 Umschlag

◢ = 2 Maschen rechts zusammenstricken

◣ = 2 Maschen rechts überzogen zusammenstricken: 1 Masche wie zum Rechtsstricken abheben, die nächste Masche rechts stricken und die abgehobene Masche überziehen

∩ = 3 Maschen mit aufliegender Mittelmasche zusammenstricken: 2 Maschen gleichzeitig wie zum Rechtsstricken abheben, 1 Masche rechts stricken und die abgehobenen Maschen überziehen

Δ = 3 Maschen rechts überzogen zusammenstricken: 1 Masche wie zum Rechtsstricken abheben, 2 Maschen rechts zusammenstricken und die abgehobene Masche überziehen

**Strickschrift 2**

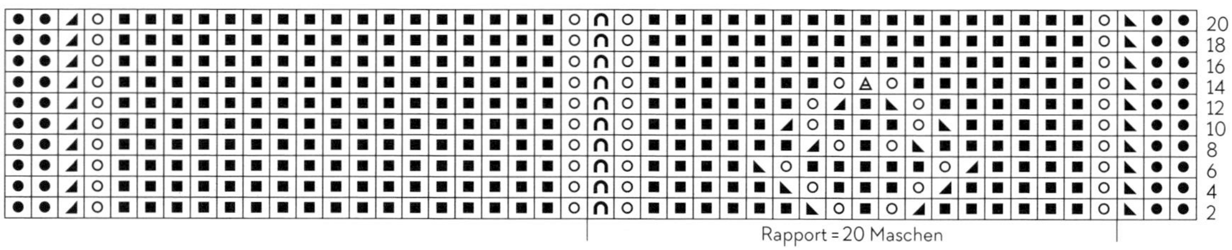

**Strickschrift 3**

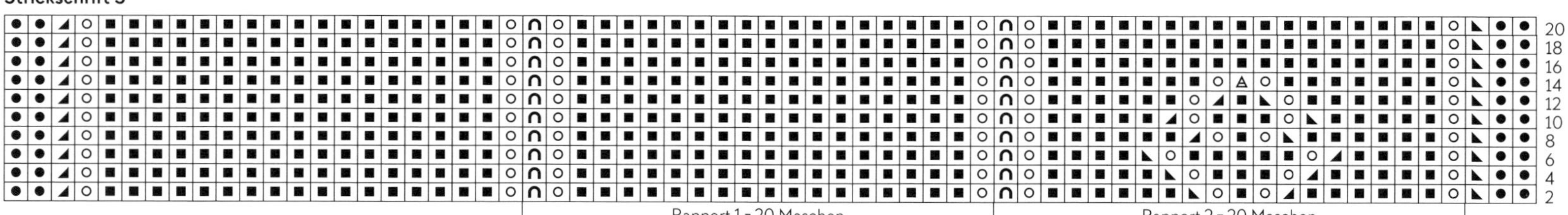

## ANLEITUNG

Die Stola besteht aus 2 gleichen Teilen, die zum Schluss zusammengestrickt werden.
Für die erste Hälfte der Stola 105 M anschl.
*1. R (Rückr):* Alle M links str.
*2.–31. R:* Gemäß Strickschrit 1 arb.
*32.–51. R:* Gemäß 2.–21. R der Strickschrift 2 wie folgt arb: Zuerst die M vor dem Rapport str, dann den Rapport 4x wdh und mit den M nach dem Rapport enden.
*52.–71. R:* Gemäß 2.–21. R der Strickschrift 3 wie folgt arb: Zuerst die M vor dem Rapport 2 str, dann den Rapport 2 3x wdh, jetzt den Rapport 1 str und mit den M nach dem Rapport 1 enden.
*72.–91. R:* Gemäß 2.–21. R der Strickschrift 3 wie folgt arb: Zuerst die M vor dem Rapport 2 str, dann den Rapport 2 2x wdh, jetzt den Rapport 1 2x wdh und mit den M nach dem Rapport 1 enden.
*92.–111. R:* Gemäß 2.–21. R der Strickschrift 3 wie folgt arb: Zuerst die M vor dem Rapport 2 str, dann den Rapport 2 1x str, jetzt den Rapport 1 3x wdh und mit den M nach dem Rapport 1 enden.
*Ab 112. R:* Die 20.+21. R von Strickschrift 3 fortlaufend wdh, dafür zuerst die M vor dem Rapport 2 str, dann den Rapport 2 fortlaufend wdh und mit den M nach dem Rapport 2 enden.
In einer Höhe von ca. 100 cm und nach einer Rückr die M auf der Hilfsnd stilllegen
Die zweite Hälfte der Stola ebenso str.

### FERTIGSTELLEN

Beide Teile der Stola links auf links aufeinanderlegen, so dass beide Nd hintereinanderliegen. Dann jeweils 1 M der vorderen Nd mit 1 M der hinteren Nd rechts zusammenstr und gleichzeitig alle M abk. Alle Fäden vernähen. Das Tuch anfeuchten, nach Größenangabe spannen und trocknen lassen.

### Yvonnes Tipp

***Beim Spannen darauf achten, dass die Zacken der Anschlagkanten gut sichtbar erscheinen.***

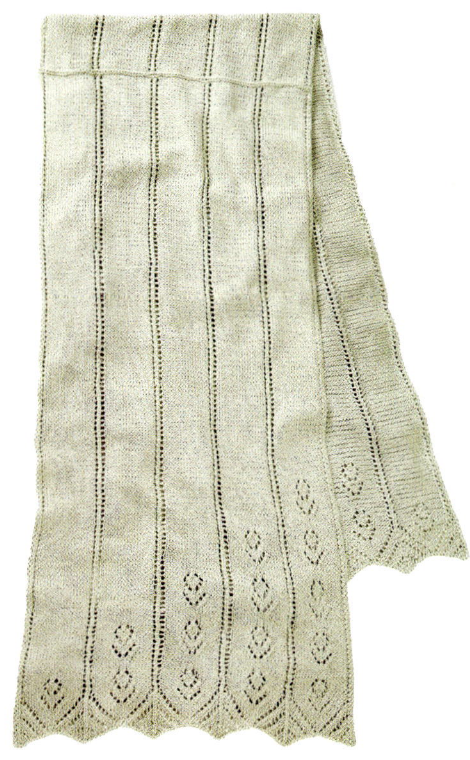

# YVONNE UND BRIGITTE IM GESPRÄCH

*ENDLICH HABE ICH jemandem, mit dem ich über meine Strickprobleme sprechen kann!*
*In meiner Familie bin ich ziemlich alleine, wenn es um Strickprobleme geht. Auch mein Freundeskreis lässt sich lieber bestricken als mit mir zu fühlen, wenn ich mal wieder den Kampf mit der Garnlänge verloren habe und für die letzten 10 Maschen noch ein neues Knäuel benutzen muss.*
*Ich werde nicht getröstet, wenn ich mitten im Strickwerk einen dicken Fehler entdecke und wirklich niemand ist bereit, sich mit mir über die unterschiedlichen Arten von Randmaschen auszutauschen. Dabei ist das ein wichtiges Thema. Ich hab da schon stundenlang drüber gegrübelt...*
*Mein Mann bringt es tatsächlich fertig, neben mir auf dem Sofa gedankenverloren meinen Reihenzähler zu verstellen und wirklich jedes meiner Kinder kommt immer mit der wichtigsten Frage des Tages zu mir gerannt, wenn ich Maschen zähle. Also fange ich wieder von vorne an und könnte in die Tischkante beißen. Versteht natürlich niemand!*
*So manches Mal hatte ich das Glück, im Wolladen mit den tollen Fachkräften oder netten Kundinnen über mein aktuelles größtes Strickproblem zu reden - aber ich kann ja nun nicht ständig im Ladenlokal rumlungern. Das geht irgendwann echt ins Geld, denn ohne Wolle geh' ich selten raus.*
*Auch die vielen Gruppen in den sozialen Medien sind ein echter Segen: Fast jedes Problem, ob es um links verschränkte Maschen, stillgelegte Ärmel oder Knoten im Garn geht, wird dort ernst genommen und ich hab schon oft Hilfe bekommen.*
*Dennoch fehlt mir ab und an der reale Austausch, und so war es ein wirklicher Glücksfall, dass ich Brigitte Zimmermann kennenlernen durfte. Sie hat gemeinsam mit mir die Tücher und Schals in diesem Buch entwickelt, wir haben uns die Strickarbeit geteilt und gemeinsam über den besten Formulierungen für die Anleitungen gegrübelt. Und jetzt kann ich tatsächlich endlich mit jemandem über meine Strickprobleme sprechen!*

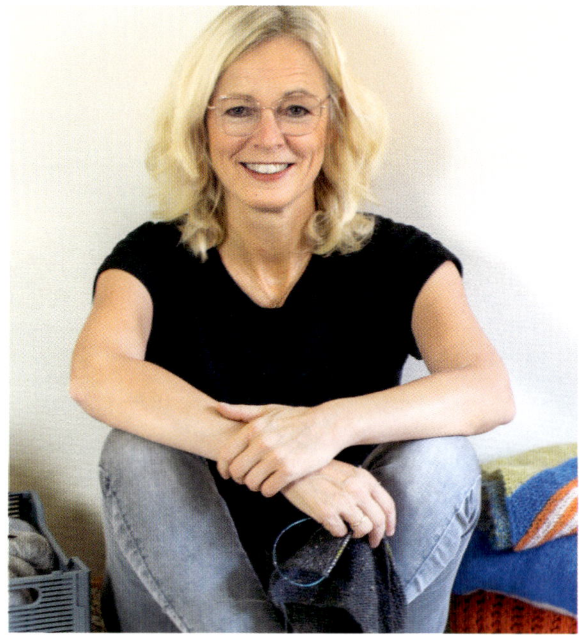

*Brigitte, stell dich doch bitte einmal vor: Was machst du alles im Bereich Stricken?*

**Ich mache fast alles, was man sich so im Bereich „Stricken" vorstellen kann: Angefangen vom Entwurf der Modelle, über das Modellstricken, Anleitungen schreiben, die Designs fotografieren, natürlich auch Fragen von StrickerInnen beantworten, bis hin zur Auswahl von Garnen und schönen Farben. Das alles mache ich einmal für einen Onlineshop und auch unter meinem eigenen Label „knittygitti" für ganz unterschiedliche Verwendungen. Manchmal fragen einfach Leute an, die sich etwas Individuelles wünschen, manchmal entwickle ich Designs für Magazine, dann habe ich auch für den frechverlag schon Lektorate für Strickbücher gemacht und wenn dann noch ein ganz klein wenig Zeit bleibt, stricke ich auch gerne mal einfach etwas nur für mich.**

*Was ging dir denn durch den Kopf, als die Anfrage zu dem Buch kam. Ich meine, aus dem Fernsehen kanntest du mich ja gar nicht…*

Die Anfrage zum Buch hat mich mitten in der Coronazeit erreicht. Ich erinnere mich noch gut. Als der Anruf von Claudia Mack kam und sie mir von der Buchidee erzählte, waren wir, wie viele andere auch, gerade dabei unseren Garten neu zu gestalten und steckten bis zu den Knöcheln in Gartenerde. Den Gedanken, an einem Strickbuch mit Schals und Tüchern mitzuarbeiten, fand ich sofort spannend und so bin ich gleich raus aus den Gummistiefeln, habe erst mal den Garten Garten sein lassen und, wie man das eben so macht, nach „Yvonne Willicks“ gegoogelt und auf Instagram geschaut, da mir dein Name tatsächlich damals nicht wirklich etwas sagte. Okay, dein Gesicht war mir dann doch nicht ganz fremd… Abends habe ich mir in der WDR Mediathek eine Sendung mir dir angesehen und danach war für mich klar: Ich bin dabei!

*Was macht denn den besonderen Reiz an den unterschiedlichen Projekten in diesem Buch für dich aus?*

Der besondere Reiz an dem Buch mit seinen unterschiedlichen Projekten ist seine wahnsinnige Vielfalt: Es hat mir extrem viel Spaß gemacht auszuprobieren und zu zeigen, wie unterschiedliche Muster in verschiedenen Garnqualitäten wirken. So verschieden wie die Projekte im Buch sind, so verschieden sind ja auch die Menschen, die „unsere“ Tücher und Schals stricken und tragen. Und genau das war unser Ziel: Es sollte für jeden etwas dabei sein: für den sportlichen Typ und für den eleganten, genauso wie für all jene, die gerne kräftige Farben mögen und die, die es eher dezent lieben. Wir wollten Tücher, die im Winter schön kuschelig sind und welche, die auch im Sommer über einem Kleid prima wirken und dann natürlich noch die, die man zu jeder Jahreszeit aus der Schublade holen kann. StrickanfängerInnen sollten genauso abgeholt werden, wie auch Geübte. Es sollten Designs werden, die man gut zur Entspannung, fast nebenher, auch abends auf dem Sofa stricken kann, ohne dabei nach der Hälfte des Tuches immer noch jede Reihe nachschauen zu müssen. Das alles unter einen Hut zu bringen war unser Ziel und eben der besondere Reiz des Buches – und es hat sehr, sehr viel Spaß gemacht.

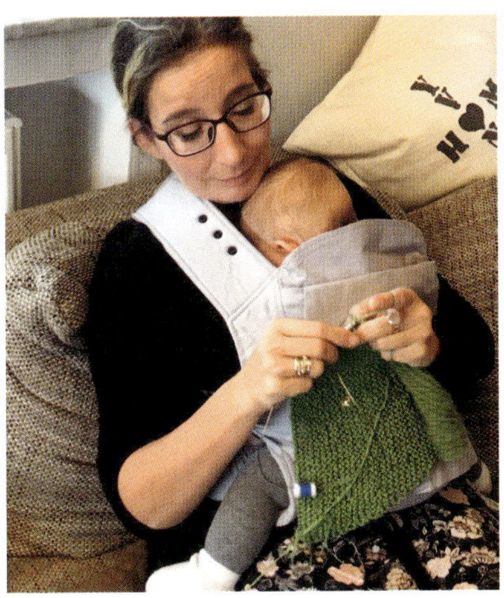

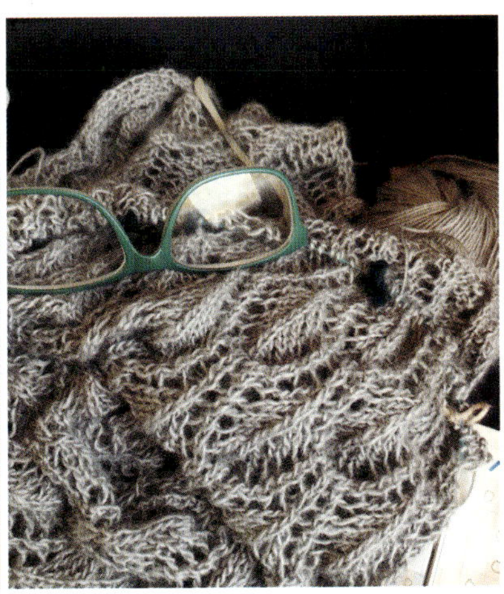

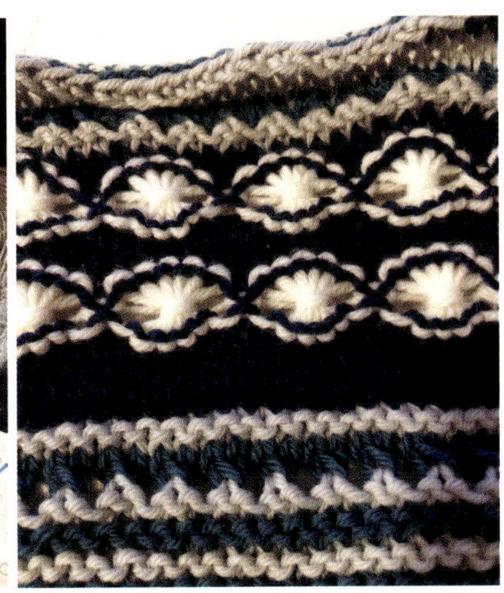

*Stellst du auch fest, dass Stricken sich verändert hat und wie nimmst du das wahr?*

Ja, Stricken hat sich in jedem Fall verändert! In den 80ern haben wir uns zu Teestunden in Rattan-Schaukelstühlen zum Stricken verabredet und sogar einige unserer Schulstunden strickend verbracht. Am besten hat meinen Projekten übrigens immer die Doppelstunde im Grundkurs Bio getan.
Die Anleitungen hatten wir aus unzähligen Magazinen, die gerne Frauennamen trugen – mein Favorit war immer die „Ingrid" – und Wolle kaufte ich im Wollladen im Nachbarort. Bei Strickproblemen hatte ich das Glück, dass meine Tante direkt um die Ecke wohnt. Von ihr habe ich auch das Stricken gelernt und sie zählt übrigens zu deinen größten Fans. Meine Mutter konnte mir zwar helfen, die ein oder andere fallengelassene Masche wiederzufinden, aber wenn es ans Eingemachte ging, hat mir meine Tante immer mit Rat und Tat und vor allem ganz viel Geduld zur Seite gestanden.
Tja und wie einfach ist doch im Laufe der Zeit alles geworden: Natürlich findet man viele Modelle nach wie vor in Büchern und Magazinen, aber auch im Netz findet man auf Knopfdruck jede Menge Ideen für Designs, tolle Muster und geniale Techniken. Das Gleiche gilt bei Strickproblemen: Einfach Stichwort eingeben und schon erscheinen eine ganze Reihe Lösungsvorschläge ganz nach Wunsch als Video oder Step-by-Step-Anleitung – einfach himmlisch.
Wolle kaufe ich immer noch gerne in Fachgeschäften, da es nach wie vor ein schönes Erlebnis ist, die Knäuel unterschiedlichster Qualitäten in den Händen zu halten. Aber leider sind die kleinen netten Läden bei uns auf dem Land sehr rar gesät, sodass ich oftmals per Mausklick bestelle. Der Augenblick, wenn dann der Postbote klingelt, ist immer wieder aufregend. Ich kann es kaum erwarten, das Paket zu öffnen und meistens kann ich nicht anders, als gleich die Nadeln hervorzuholen, um nur mal eben kurz das Garn zu testen. Wie das endet kannst du dir sicherlich vorstellen...
Nicht mehr wegzudenken sind auch die Social Media Kanäle, auf denen man sich stundenlang anschauen kann, was andere Strickbegeisterte schon so alles gestrickt haben, was sie gerade auf den Nadeln haben und welches ihre Lieblingsmuster sind. Manchmal entwickeln sich hier tolle Kontakte, auf die ich nicht mehr verzichten möchte.

*Gibt es Lieblingstechniken oder Muster, die du immer wieder gerne einsetzt?*

Ich mag sehr gerne Zöpfe, Patentmuster, manchmal Lacemuster, Strukturmuster, aber auch glatt rechts oder einfach nur kraus rechts Rippen – also irgendwie alles, was im weitesten Sinne mit Nadelgeklapper zu tun hat. Die Auswahl von Technik und Muster mache ich immer abhängig vom Design, vom Garn und natürlich auch von meiner jeweiligen Stimmung.
Für Schals mag ich z. B. gerne Muster, die keine eindeutig rechte oder linke Seite haben, wie Varianten in Patent oder auch einfache Strukturmuster. Manchmal liebe ich es auch, einen Pulli ganz einfach glatt rechts zu stricken und mit schönen Farben oder unterschiedlichen Materialien zu experimentieren. Dann kennst du es bestimmt auch, dass man ein Teil im Grunde geplant hat und sich während des Strickens plötzlich ganz neue Ideen auftun, gegen die man sich dann gar nicht mehr wehren kann und auch nicht möchte.

*Unsere deutschen Anleitungen sind ja anders als die englischen: Immer ziemlich lang, weil weniger mit eindeutigen Abkürzungen gearbeitet wird. Hast du einen Tipp, wie man trotzdem den Überblick behalten kann?*

Wenn ich denn tatsächlich mal nach einer Anleitung stricke, mag ich sehr gerne die englischen Anleitungen, da sie, wie du schon sagtest, allesamt mit einheitlichen Abkürzungen geschrieben und zudem sehr ausführlich sind.

Unsere deutschen Anleitungen enthalten mir oft zu viel Prosa. Ich empfehle sich einfach die nötigen Infos für das Projekt, wie Maschenzahl, Grundmuster, Ab- bzw. Zunahmen etc. in Stichpunkten auf ein Zettelchen zu schreiben, das man immer griffbereit hat. So entwickelt man im Laufe der Zeit für sich ein eigenes persönliches Abkürzungsverzeichnis und hat jederzeit einen Gesamtüberblick über das Projekt. Dieses Zettelchen und auch Strickschriften fotografiere ich einfach mit dem Handy, damit ich auch unterwegs immer nachschauen kann, wo im Muster ich mich befinde und wie es weitergeht.

**Sag mal, wie perfektionistisch bist du denn bei deinen Strickprojekten? Ich stelle bei mir Null Toleranz fest, wenn ich den Fehler sehe.**

Da geht es mir genau wie dir: Sobald ich einen Fehler entdecke, geht es allen danach gestrickten Maschen an den Kragen und seien es noch so viele Reihen. Mein Mann schaut oft fassungslos zu, denn es kann natürlich passieren, dass die Maschen eines oder mehrerer Abende dahinribbeln. Aber die Vorstellung, später ein Teil fertig zu haben, in dem ich mir immer wieder diesen einen Fehler ansehen soll, den vielleicht niemand anderes sieht, ist keine Alternative für mich.

**Gibt es Tage, an denen du gar nicht strickst?**

Diese Frage lässt sich ganz kurz beantworten: Ja, die gibt es. Aber dann liege ich in der Regel krank im Bett. Ansonsten möchte ich behaupten, und meine Familie wird es bestätigen, dass es tatsächlich nicht viele Tage gibt, an denen ich das Strickzeug gar nicht in die Hand nehme.

**Was ist dein Lieblingsprojekt hier im Buch?**

Das ist schwer zu sagen, da mir alle Teile richtig gut gefallen. Aber am aller-, allerliebsten mag ich das Titelmodell NUBE. Sein Fliegengewicht von nicht einmal 125 g, bestehend aus Kidmohair und Seide, lässt mich dahinschmelzen. Das entspricht genau meinem Faible für edle Materialien. Außerdem mag ich sehr gerne Ringel und die vereinen sich hier prima mit den Mosaikrauten zu einem fantastisch dezenten Gesamtkunstwerk, ohne aufdringlich zu wirken.

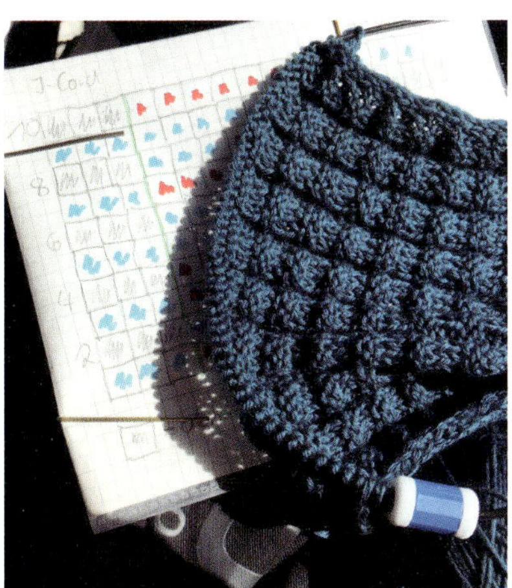

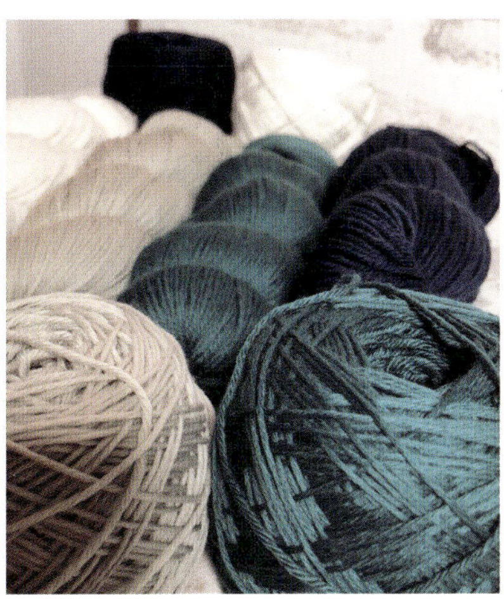

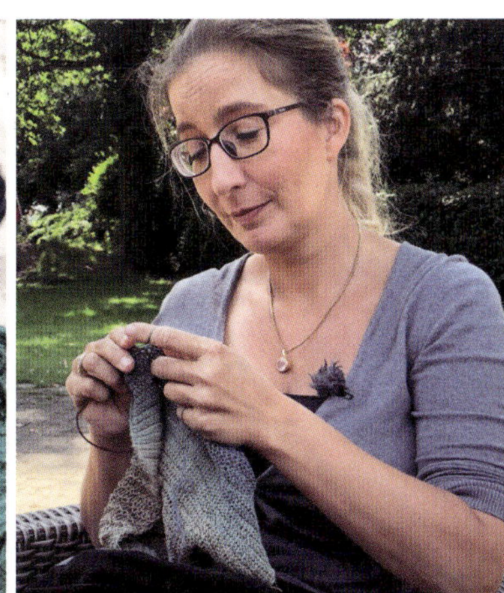

# TÜCHER

## GÄNGIGE TUCHFORMEN

### Das klassische Dreieckstuch

Die Zunahmen werden zu Beginn und Ende der Hinreihe und vor und nach der Mittelmasche gearbeitet.

### Das asymmetrische Tuch

Die Zunahmen erfolgen nur auf einer Seite. So wird die schmale Form erreicht. Klassischerweise wird in jeder Hinreihe zugenommen. Wer das Tuch langsamer wachsen lassen möchte, platziert die Zunahmen weiter auseinander.

### Das halbrunde Tuch

Es werden klassisch sechs Zunahmen in jeder 4. Reihe gearbeitet, damit das Tuch eine große Fläche erhält: 2 Zunahmen zu Beginn und 2 Zunahmen am Ende der Hinreihe. Die Form hat quasi 2 Mittelmaschen, zwischen denen gestrickt wird. Vor und nach den Maschenmarkierern erfolgen die Zunahmen. (Achtung: die Anleitung hier im Buch erfordert sogar 8 Zunahmen in 4 Reihen!)

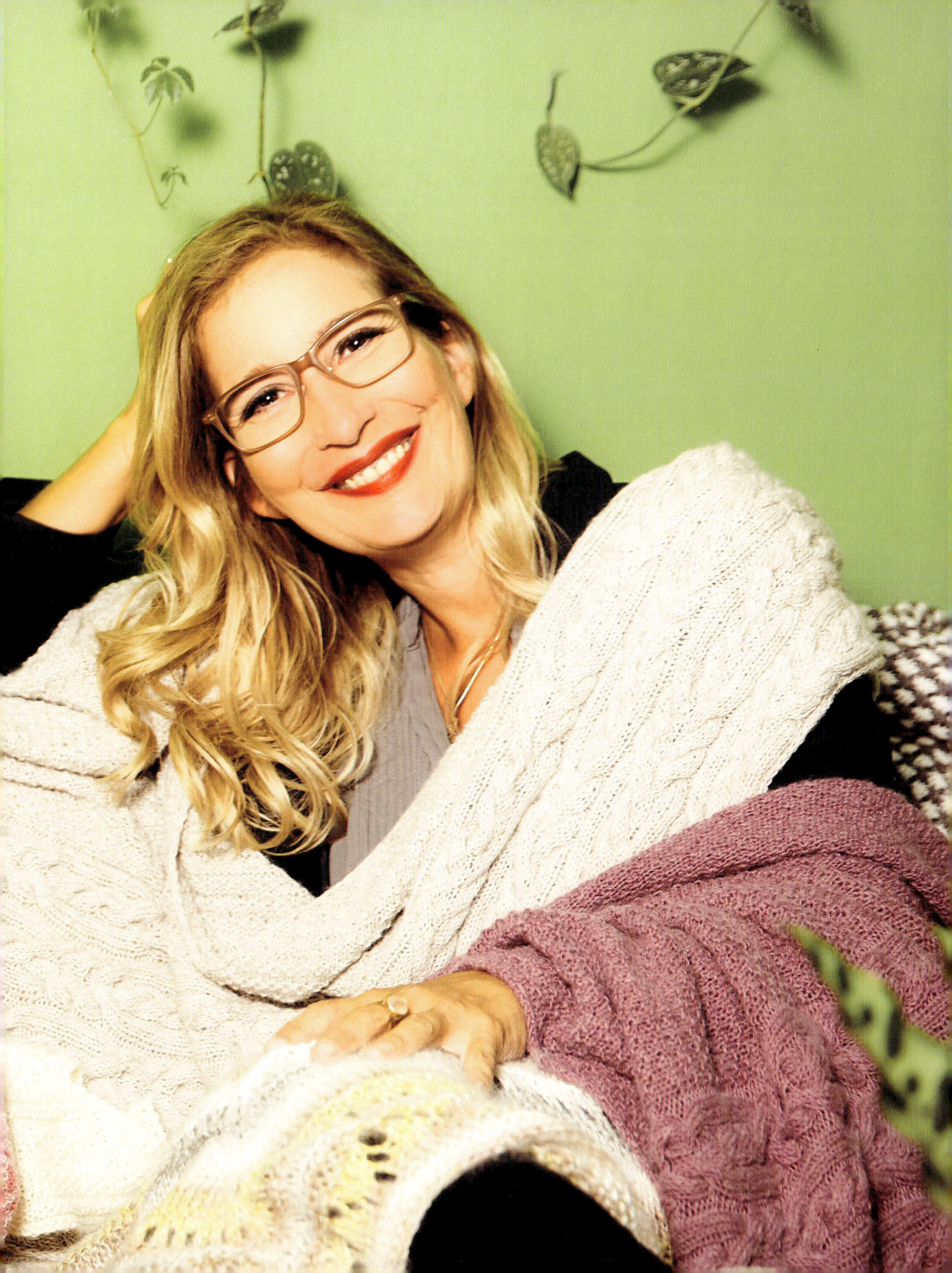

# STRUCTURE

## Symmetrisches Dreieckstuch

*Dieses herrliche Kuscheltuch ist ein Must have. Das Strukturmuster ist zeitlos schön, und die Cremefarbe lässt sich wunderbar in fast jede Garderobe integrieren. Meine Tochter Leonie wickelte sich nach der Fertigstellung hinein und war kaum wieder herauszubekommen – die Wollqualität ist aber auch sowas von wunderbar weich und angenehm auf der Haut. Das liegt natürlich auch an dem Beilaufgarn, das hier verwendet wurde. Wer es glitzernder mag: ein Pailetten-Beilaufgarn könnte ich mir auch sehr gut vorstellen! Sicher werden wir Leonie auch an kühleren Abenden im Sommer mit „Structure" um die Schultern im Garten sitzend erwischen.*

### SCHWIERIGKEITSGRAD ♥♥♡

### GRÖSSE

220 cm breit, 85 cm hoch

### MATERIAL

- Austermann Merino Cotton organic (LL 230 m/50 g) in Natur (Fb 01), 200 g
- Rico Design Essentials Super Kid Mohair loves Silk (LL 200 m/25 g) in Creme (Fb 42), 125 g
- Rundstricknadel 5,0 mm, 100 cm lang
- Maschenmarkierer
- Wollnadel

### MASCHENPROBE

Im Strukturmuster mit Nd 5,0 mm und doppeltem Faden aus Merino Cotton und Kid Mohair 18 M und 30 R = 10 cm x 10 cm

### RANDMASCHEN

Die Rdm in den Hin- und Rückr rechts str.

### MITTELMASCHE

In den Rückr die Mittelm links, in den Hinr die Mittelm rechts str, dabei 1 R tiefer einstechen.

### ELASTISCHES ABKETTEN

2 M rechts str, beide M wieder zurück auf die linke Nd heben und rechts verschränkt zusammenstr, * 1 M rechts str, die beiden M der rechten Nd wieder zurück auf die linke Nd heben und rechts verschränkt zusammenstr. Ab * fortlaufend wdh, bis alle M abgekettet sind.

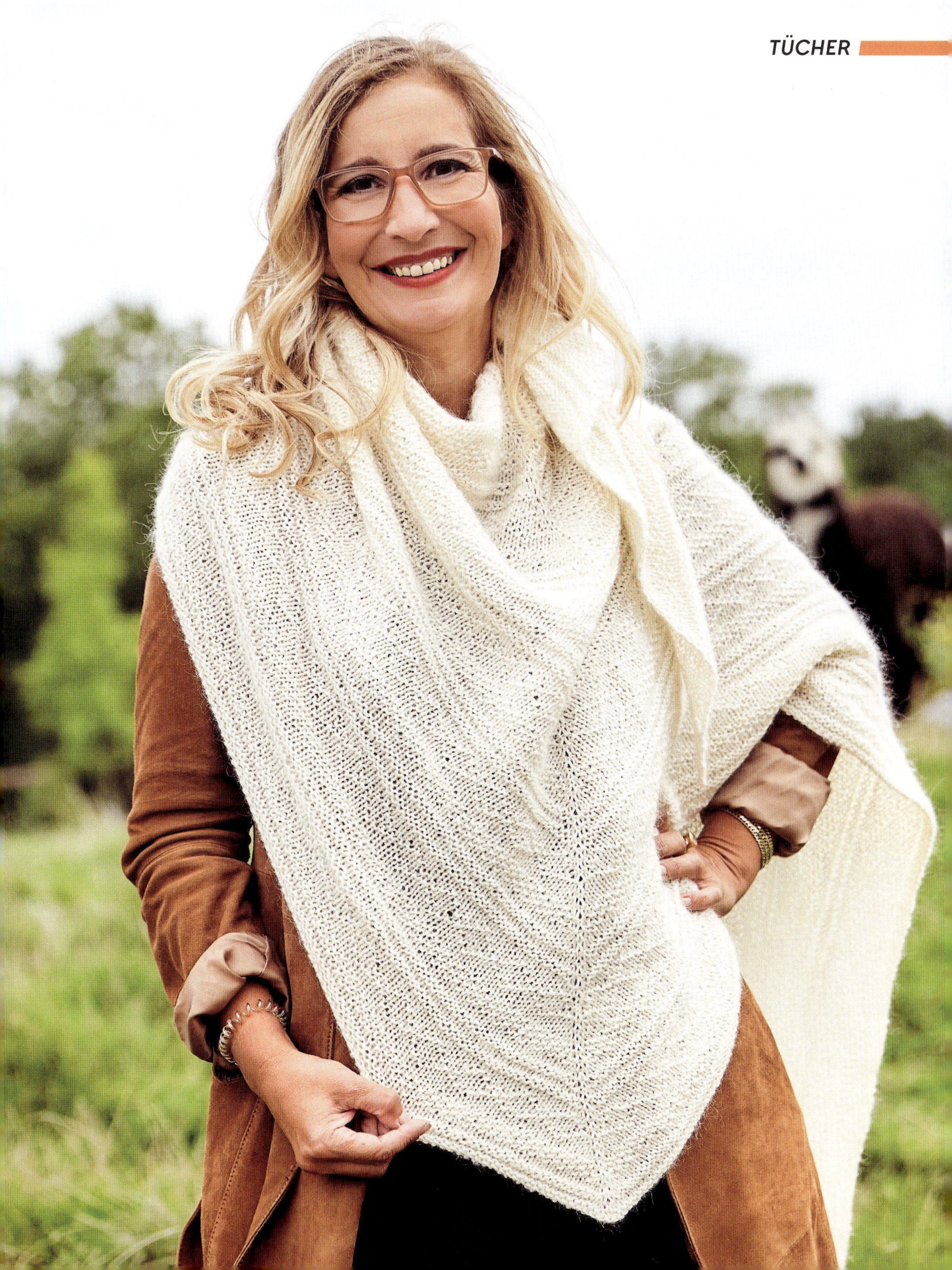

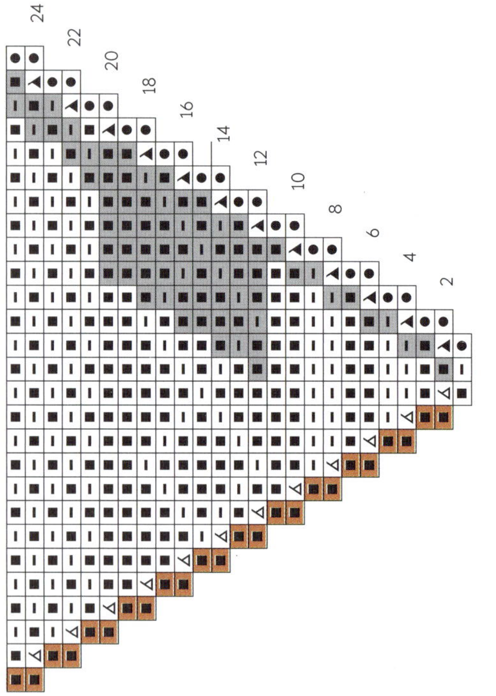

Strickschrift A

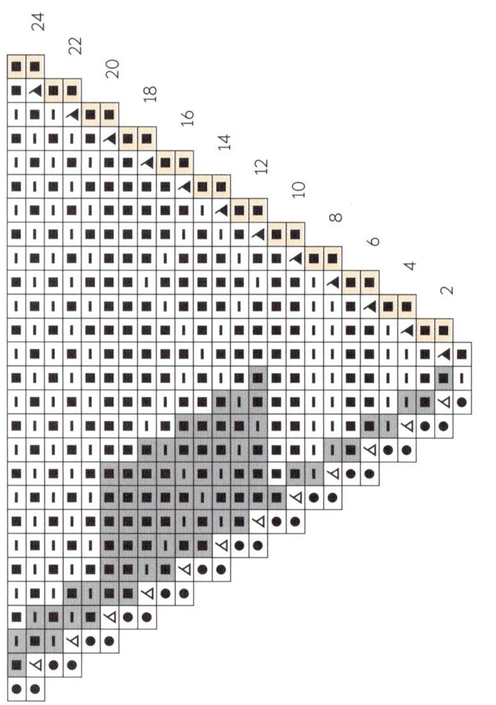

Strickschrift B

● = Randmasche

■ = In Hinreihen: 1 Masche rechts; in Rückreihen: 1 Masche links

| = In Hinreihen: 1 Masche links; in Rückreihen: 1 Masche rechts.

▲ = 1 linksgeneigte Zunahme: Mit der linken Nadel von vorne unter den Querfaden zur nächsten Masche einstechen und so eine neue Masche auf die linke Nadel heben, diese Masche rechts verschränkt stricken.

△ = 1 rechtsgeneigte Zunahme: Mit der linken Nadel von hinten unter den Querfaden zur nächsten Masche einstechen und so eine neue Masche auf die linke Nadel heben, diese Masche rechts stricken.

▒ = Rapport

■ = Mittelmasche

■ = Mittelmasche zur Orientierung abgebildet, keine Strickbedeutung

## STRUKTURMUSTER

In R gemäß der Strickschriften A und B arb.

Es sind Hin- und Rückr gezeichnet. Die ungeraden R beschreiben die Rückr, die geraden die Hinr. Die M sind gezeichnet, wie sie auf der Vorderseite erscheinen. In den Rückr zuerst die M der Strickschrift B von links nach rechts, dann die M der Strickschrift A von links nach rechts str. In den Hinr zuerst die M der Strickschrift A von rechts nach links, dann die M der Strickschrift B von rechts nach links str.

Die 1.–25. R str, dann die 2.–25. R noch 7x wdh, dann die 2.–8. R noch 1x str.

Der Rapport ist grau hinterlegt. Ab der 1. Wiederholung des Höhenrapportes in den Hinr die M vor dem Rapport gemäß Strickschrift A str, den grau hinterlegten Rapport von Strickschrift A fortlaufend wdh, dann die M gemäß Strickschrift A bis zur Mittelm str, die Mittelm str, weiter die M gemäß Strickschrift B von der Mittelm bis zum Rapport str, den Rapport der Strickschrift B fortlaufend wdh und mit den M nach dem Rapport enden. In den Rückr die M vor dem Rapport gemäß Strickschrift B str, den grau hinterlegten Rapport fortlaufend wdh, dann die M gemäß Strickschrift B bis zur Mittelm str, die Mittelm str, weiter die M gemäß Strickschrift A nach der Mittelm bis zum Rapport str, den Rapport gemäß Strickschrift A fortlaufend wdh und mit den M nach dem Rapport gemäß Strickschrift A enden.

# ANLEITUNG

Das Tuch wird mit doppeltem Faden aus Merino Cotton und Kid Mohair gestrickt. Dafür mit doppeltem Faden 5 M anschl und im Strukturmuster gemäß der Strickschriften arb, dabei mit einer Rückr beginnen.

*1. R (Rückr):* 1 M rechts (= Rdm), 1 M rechts, Mittelm, 1 M rechts, 1 M rechts (= Rdm).

*2. R (Hinr):* 1 M rechts (= Rdm), 1 linksgeneigte Zunahme, 1 M rechts, 1 rechtsgeneigte Zunahme, den M-Markierer auf die Nd schieben, Mittelm, 1 linksgeneigte Zunahme, 1 M rechts, 1 rechtsgeneigte Zunahme, 1 M rechts (= Rdm).

*3. R:* 1 M rechts (= Rdm), linke M bis 1 M vor den M-Markierer str, Mittelm, M-Markierer übernehmen, linke M bis 1 M vor R-Ende, 1 M rechts (= Rdm).

*4. R:* 1 M rechts (= Rdm), 1 linksgeneigte Zunahme, linke M bis zum M-Markierer, 1 rechtsgeneigte Zunahme, Mittelm, 1 linksgeneigte Zunahme, linke M bis 1 M vor R-Ende, 1 rechtsgeneigte Zunahme, 1 M rechts (= Rdm).

*5. R:* 1 M rechts (= Rdm), rechte M bis 1 M vor den M-markierer str, Mittelm, M-Markierer übernehmen, rechte M bis 1 M vor R-Ende str, 1 M rechts (= Rdm).

*6. R:* 1 M rechts (= Rdm), 1 linksgeneigte Zunahme, rechte M bis zum M-Markierer, 1 rechtsgeneigte Zunahme, Mittelm, 1 linksgeneigte Zunahme, rechte M bis 1 M vor R-Ende, 1 rechtsgeneigte Zunahme, 1 M rechts (= Rdm).

*7. R:* Wie die 3. R arb.

*8.+9. R:* Wie die 4.+5. R arb.

*10.+11. R:* Wie die 6.+7. R arb.

*12. R:* 1 M rechts (= Rdm), 1 linksgeneigte Zunahme, * 3 M rechts, 1 M links, 2 M rechts. Ab * bis

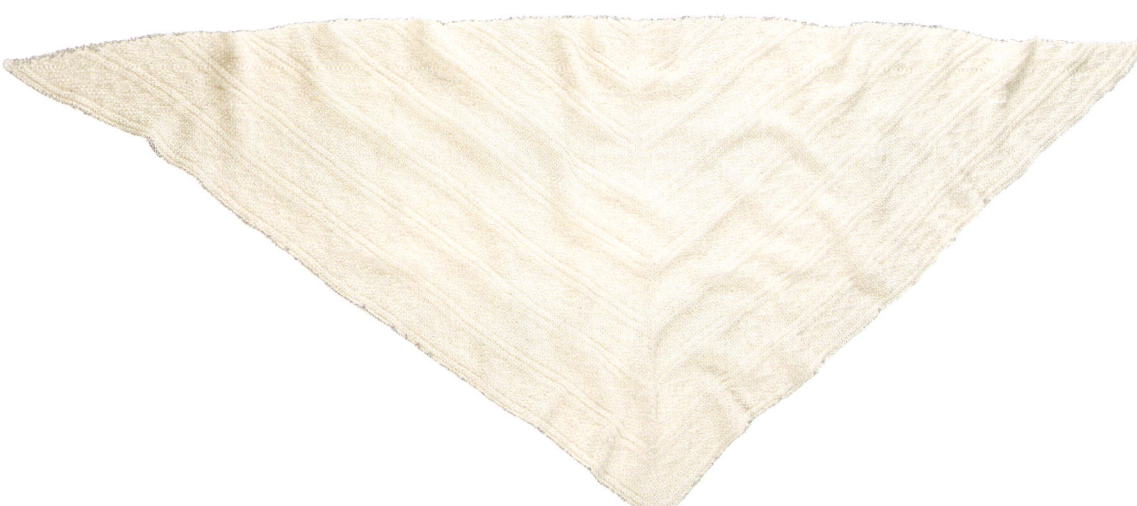

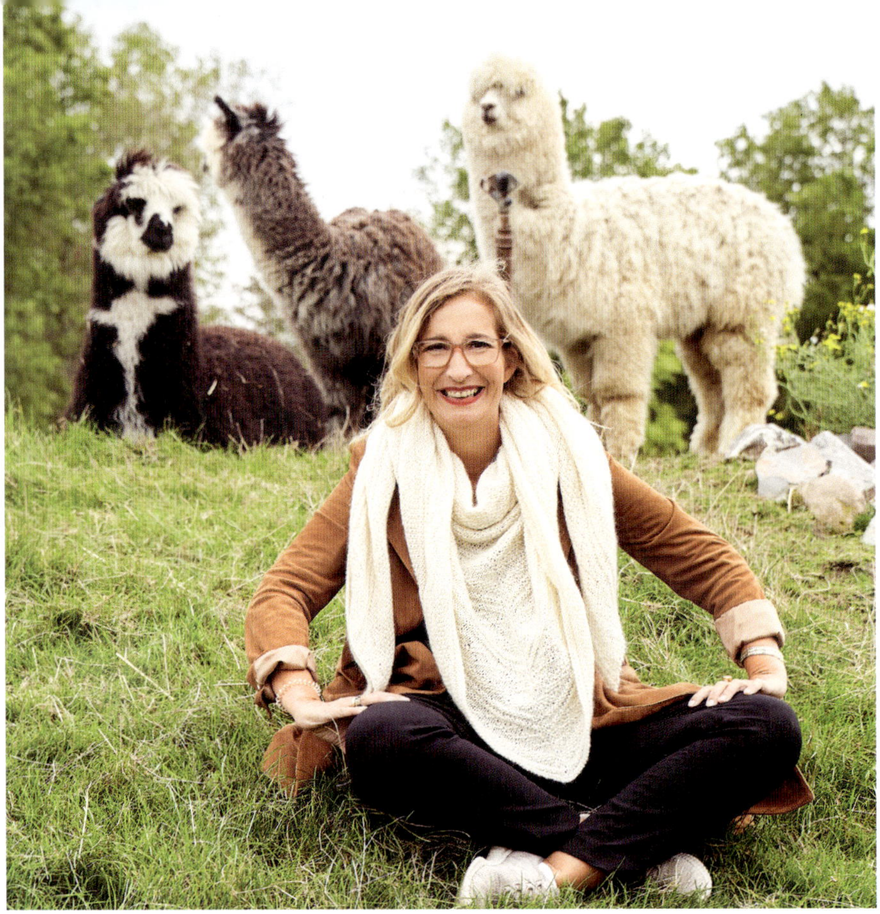

5 M vor die Mittelm wdh, 3 M rechts, 1 M links, 1 M rechts, 1 rechtsgeneigte Zunahme, Mittelm, 1 linksgeneigte Zunahme, 1 M rechts, 1 M links, 3 M rechts, ** 2 M rechts, 1 M links, 3 M rechts. Ab ** fortlaufend wdh bis 2 M vor R-Ende, 1 rechtsgeneigte Zunahme, 1 M rechts (= Rdm).

*13. R:* 1 M rechts (= Rdm), * 3 M links, 1 M rechts, 1 M links, 1 M rechts. Ab * bis 1 M vor die Mittelm wdh, 1 M links, Mittelm, 1 M links, ** 1 M rechts, 1 M links, 1 M rechts, 3 M links. Ab ** fortlaufend wdh bis 1 M vor R-Ende, 1 M rechts (= Rdm).

*14. R:* 1 M rechts (= Rdm), 1 linksgeneigte Zunahme, * 1 M links, 1 M rechts, 1 M links, 3 M rechts. Ab * fortlaufend wdh bis 1 M vor Mittelm, 1 M links, 1 rechtsgeneigte Zunahme, Mittelm, 1 linksgeneigte Zunahme, 1 M links, ** 3 M rechts, 1 M links, 1 M rechts, 1 M links. Ab ** fortlaufend wdh bis 1 M vor R-Ende, 1 rechtsgeneigte Zunahme, 1 M rechts (= Rdm).

*15. R:* 1 M rechts (= Rdm), * 2 M links, 1 M rechts, 3 M links. Ab * fortlaufend wdh bis 3 M vor Mittelm, 2 M links, 1 M rechts, Mittelm, 1 M rechts, 2 M links, ** 3 M links, 1 M rechts, 2 M links, ab ** fortlaufend wdh bis 1 M vor R-Ende, 1 M rechts (= Rdm).

*16. R:* 1 M rechts (= Rdm), 1 linksgeneigte Zunahme, * 1 M rechts, 1 M links, 1 M rechts, 1 M links, 2 M rechts, ab * fortlaufend wdh bis 3 M vor Mittelm, 1 M rechts, 1 M links, 1 M rechts, 1 rechtsgeneigte Zunahme, Mittelm, 1 linksgeneigte Zunahme, 1 M rechts, 1 M links, 1 M rechts, ** 2 M rechts, 1 M links, 1 M rechts, 1 M links, 1 M rechts, ab ** fortlaufend wdh bis 1 M vor R-Ende, 1 rechtsgeneigte Zunahme, 1 M rechts (= Rdm).

*17. R:* 1 M rechts (= Rdm), * 1 M links, 1 M rechts, 3 M links, 1 M rechts, ab * fortlaufend wdh bis 5 M vor Mittelm, 1 M links, 1 M rechts, 3 M links, Mittelm, 3 M links, 1 M rechts, 1 M links, ** 1 M rechts, 3 M links, 1 M rechts, 1 M links. Ab ** fortlaufend wdh bis 1 M vor R-Ende, 1 M rechts (= Rdm).

*18. R:* 1 M rechts (= Rdm), 1 linksgeneigte Zunahme, * 1 M links, 5 M rechts, ab * fortlaufend wdh bis 5 M vor Mittelm, 1 M links, 4 M rechts, 1 rechtsgeneigte Zunahme, Mittelm, 1 linksgeneigte Zunahme, 4 M rechts, 1 M links, ** 5 M rechts, 1 M links. Ab ** fortlaufend wdh bis 1 M vor R-Ende, 1 rechtsgeneigte Zunahme, 1 M rechts (= Rdm).

***19. R:*** Wie die 3. R arb.

***20. R:*** Wie die 6. R arb.

***21. R:*** 1 M rechts (= Rdm), * 1 M links, 1 M rechts, ab * fortlaufend wdh bis 1 M vor Mittelm, 1 M links, Mittelm, ** 1 M rechts, 1 M links, ab ** fortlaufend wdh bis 1 M vor R-Ende, 1 M rechts (= Rdm).

***22. R:*** 1 M rechts (= Rdm), 1 linksgeneigte Zunahme, * 1 M links, 1 M rechts. Ab * fortlaufend wdh bis 1 M vor Mittelm, 1 M links, 1 rechtsgeneigte Zunahme, Mittelm, 1 linksgeneigte Zunahme, 1 M links, ** 1 M rechts, 1 M links, ab ** fortlaufend wdh bis 1 M vor R-Ende, 1 rechtsgeneigte Zunahme, 1 M rechts (= Rdm).

***23. R:*** 1 M rechts (= Rdm), * 1 M rechts, 1 M links, ab * fortlaufend wdh bis 1 M vor Mittelm, 1 M rechts, Mittelm, 1 M rechts, ** 1 M links, 1 M rechts, ab ** fortlaufend wdh bis 1 M vor R-Ende, 1 M rechts (= Rdm).

***24. R:*** 1 M rechts (= Rdm), 1 linksgeneigte Zunahme, * 1 M rechts, 1 M links. Ab * fortlaufend wdh bis 1 M vor Mittelm, 1 M rechts, 1 rechtsgeneigte Zunahme, Mittelm, 1 linksgeneigte Zunahme, 1 M rechts, ** 1 M links, 1 M rechts, ab ** fortlaufend wdh bis 1 M vor R-Ende, 1 rechtsgeneigte Zunahme, 1 M rechts (= Rdm).

***25. R:*** 1 M rechts (= Rdm), * 1 M links, 1 M rechts, ab * fortlaufend wdh bis 1 M vor Mittelm, 1 M links, Mittelm, 1 M links, ** 1 M rechts, 1 M links, ab ** fortlaufend wdh bis 1 M vor R-Ende, 1 M rechts (= Rdm).

***26.–193. R:*** Die 2.–25. R noch 7x wdh.

***194.–200. R:*** Die 2.–8. R noch 1x wdh.

Alle M elastisch abk.

## FERTIGSTELLEN

Alle Fäden vernähen. Das Dreieckstuch anfeuchten, auf die angegebenen Maße spannen und trocknen lassen.

## Yvonnes Tipps

***Das Arbeiten mit Maschenmarkierern erleichtert die Arbeit. Einfach zu Beginn in den Hinreihen vor die Mittelmasche einen Markierer auf die Nadel schieben. Er wird in den weiteren Reihen an entsprechender Stelle einfach von der rechten auf die linke Nadel gehoben.***

***Mehr Gelassenheit beim Stricken: Damit meine ich nicht, dass jeder Fehler mit dem Argument „das ist halt Handarbeit" akzeptiert werden sollte. Im Gegenteil! Sehe ich den Fehler, behebe ich ihn sofort. Wie oft hab ich geglaubt, die eine falsche Masche übersehen zu können, sie geflissentlich über 40 Reihen ignoriert, nur um dann doch alles mit zusammengebissenen Zähnen aufzuribbeln.***

***Aber es gibt ein paar Dinge, da bin ich nicht ganz so streng: Bei den vielen Zunahmen kann es schon mal passieren, dass am Ende der Reihe oder vor der Mittelmasche eine fehlt, damit das Muster wieder aufgeht. Diese eine Masche füge ich dann einfach irgendwie dazu.***

# GRANDE TRENZA

## Asymmetrisches Tuch mit Zopfborte

***Dieses Modell haben wir gleich zweimal gestrickt, um die Variationsmöglichkeiten zu zeigen. Strukturmuster und Zöpfe eignen sich perfekt, um kuschelige Tücher zu zaubern. Das Schöne an diesem Modell: Es ist wirklich nicht schwer zu stricken und das Muster sieht viel aufwändiger aus, als es ist.***

### SCHWIERIGKEITSGRAD ♥♥♡

### GRÖSSE

110 cm breit, 170 cm hoch

### MATERIAL

- Lana Grossa Ecopuno (LL 215 m/50 g) in Beere (Fb 40) oder Grège (Fb 18), je 350 g
- Rundstricknadel 4,0 mm, 100 cm lang
- Maschenmarkierer
- Wollnadel

### MASCHENPROBE

Im Strukturmuster mit Nd 4,0 mm
20 M und 34 R = 10 cm x 10 cm

### DOPPELTE RANDMASCHE

Die Rdm am Anfang und Ende jeder R über 2 M str: 1 M links abheben mit dem Faden vorn, 1 M rechts str, mustergemäß str bis 2 M vor R-Ende, 1 M links abheben mit dem Faden vorn, 1 M rechts str.

### LINKSGENEIGTE ZUNAHME

Mit der linken Nd von vorne unter den Querfaden zur nächsten M einstechen und so eine neue M auf die linke Nd heben, diese M rechts verschränkt str.

### ELASTISCHES ABKETTEN

2 M rechts str, beide M wieder zurück auf die linke Nd heben und rechts verschränkt zusammenstr, * 1 M rechts str, die beiden M der rechten Nd wieder zurück auf die linke Nd heben und rechts verschränkt zusammenstr. Ab * fortlaufend wdh, bis alle M abgekettet sind.

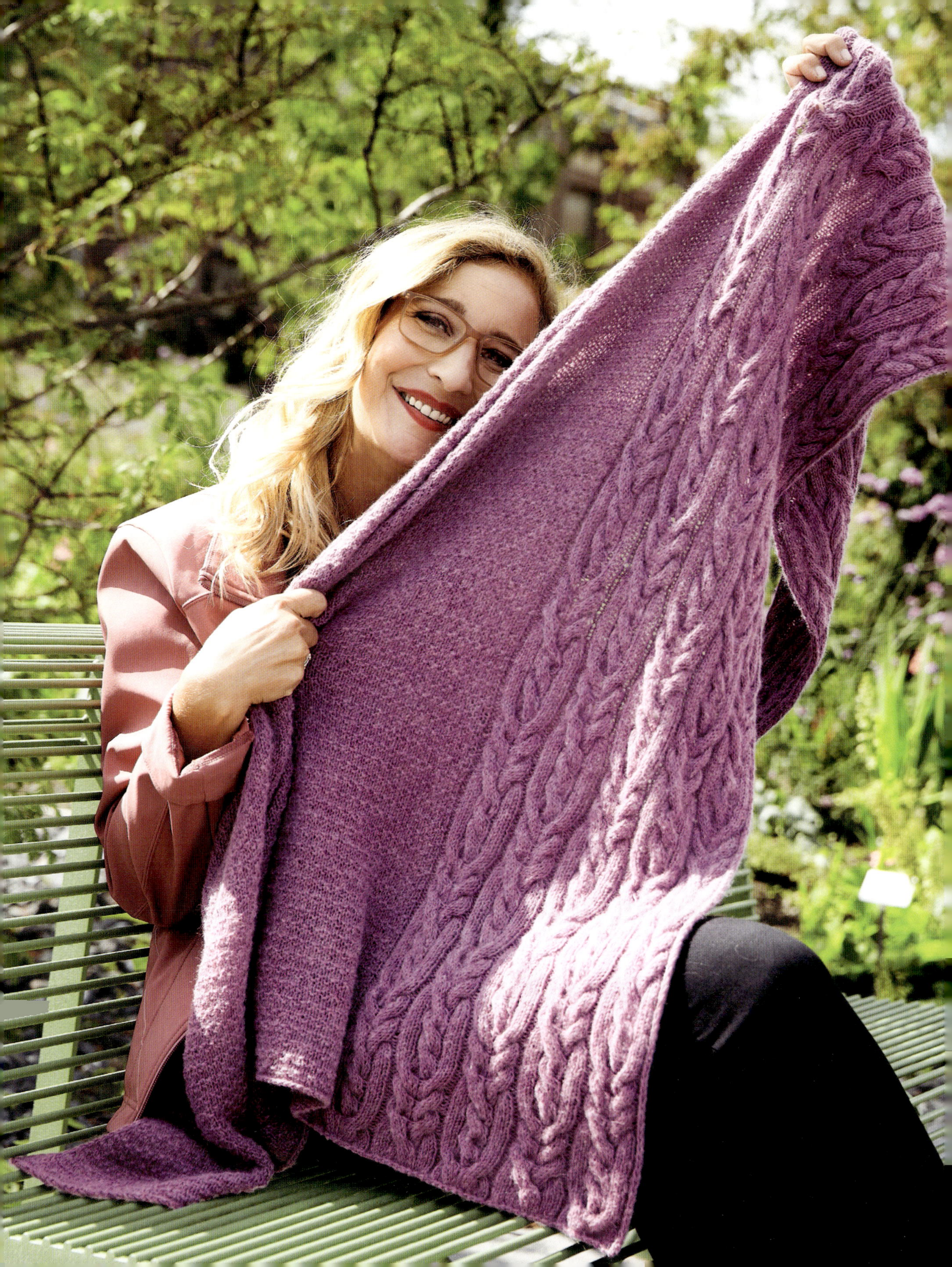

## ZOPFMUSTER

Das Zopfmuster nach der Strickschrift arb. Es sind nur die Hinr gezeichnet. In den Rückr die M str, wie sie erscheinen.

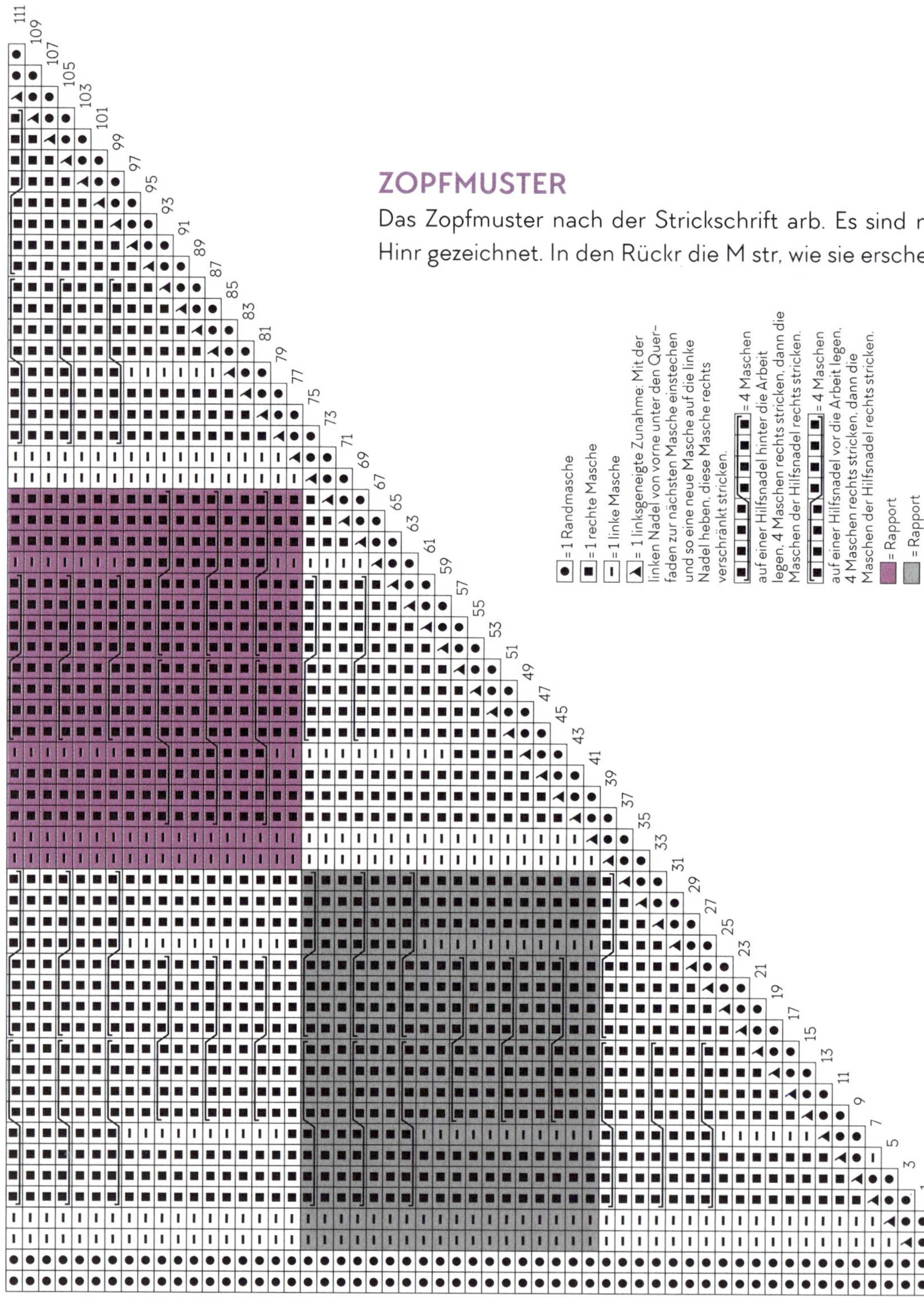

- ● = 1 Randmasche
- ■ = 1 rechte Masche
- I = 1 linke Masche
- ◢ = 1 linksgeneigte Zunahme: Mit der linken Nadel von vorne unter den Querfaden zur nächsten Masche einstechen und so eine neue Masche auf die linke Nadel heben, diese Masche rechts verschränkt stricken.
- = 4 Maschen auf einer Hilfsnadel hinter die Arbeit legen, 4 Maschen rechts stricken, dann die Maschen der Hilfsnadel rechts stricken.
- = 4 Maschen auf einer Hilfsnadel vor die Arbeit legen, 4 Maschen rechts stricken, dann die Maschen der Hilfsnadel rechts stricken.
- = Rapport
- = Rapport

## STRUKTURMUSTER

Gerade M-Zahl.

*1. R (Hinr):* Alle M rechts str, enden mit 2 M links.

*2. R (Rückr):* 2 M rechts, dann alle M links str.

*3. R:* 1 M rechts, 1 M links im Wechsel str, enden mit 2 M links.

*4. R:* 2 M rechts, [1 M links, 1 M rechts] im Wechsel str.

Die 1.–4. R fortlaufend wdh.

Ungerade M-Zahl.

*1. R (Hinr):* Alle M rechts str, enden mit 2 M links

*2. R (Rückr):* 2 M rechts, dann alle M links str.

*3. R:* 1 M rechts, 1 M links im Wechsel str, enden mit 1 M rechts, 2 M links.

*4. R:* 2 M rechts, [1 M links, 1 M rechts] im Wechsel str, enden mit 1 M rechts.

Die 1.–4. R fortlaufend wdh.

# ANLEITUNG

Das Tuch wird zuerst nur im Zopfmuster gestrickt, dabei werden am rechten Rand M zugenommen.
In Grège oder Beere 4 M anschl:

*1.–112. R:* Die 1.–112. R gemäß der Strickschrift arb.

*113.–148. R:* Zuerst jeweils alle M der 41.–76. R str (die Rdm am Ende der R noch nicht), dann 1x die M des violett hinterlegten Rapports und 1x die M des dunkelgrau hinterlegten Rapports str, DRdm.

*149.–184. R:* Jeweils alle M der 77.–112. R str (die Rdm am Ende der R noch nicht), dann 1x die M des violett hinterlegten Rapports und 1x die M des dunkelgrau hinterlegten Rapports str, DRdm.

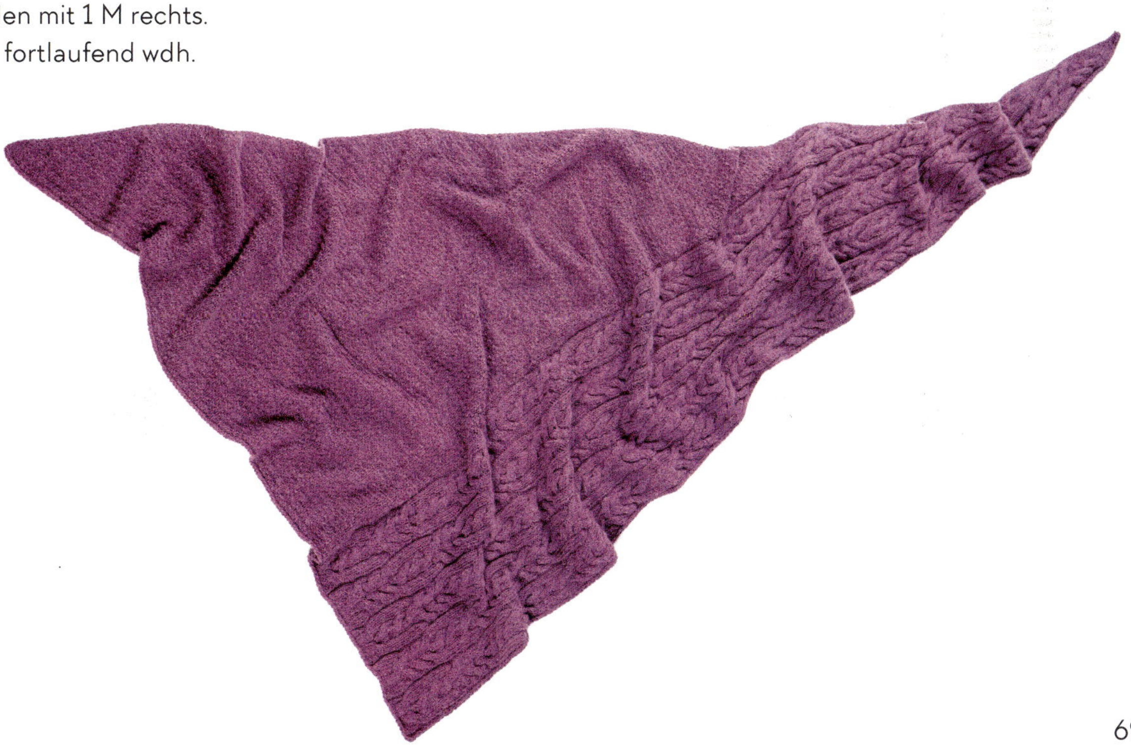

Jetzt beginnt das Strukturmuster.

*185. R:* DRdm, 1 linksgeneigte Zunahme str, 1 M im Strukturmuster, M-Markierer setzen, * die M des dunkelgrau hinterlegten Rapports str, die M des violett hinterlegten Rapports str. Ab * noch 1x wdh, die M des dunkelgrau hinterlegten Rapports 1x str, DRdm.

*186. R:* DRdm, bis zum M-Markierer die M str, wie sie erscheinen, M-Markierer übernehmen, 1 M im Strukturmuster, 1 M links, DRdm.

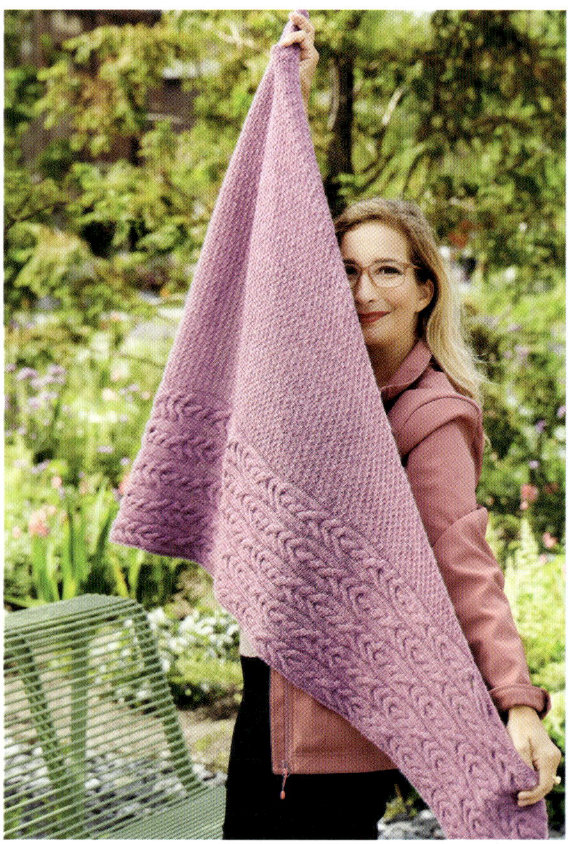

*187. R und alle folgenden Hinr:* DRdm, 1 linksgeneigte Zunahme str, bis zum M-Markierer im Strukturmuster arb, M-Markierer übernehmen, * die M des dunkelgrau hinterlegten Rapports str, die M des violett hinterlegten Rapports str. Ab * noch 1x wdh, die M des dunkelgrau hinterlegten Rapports 1x str, DRdm.

*188. R und alle folgenden Rückr:* DRdm, bis zum M-Markierer die M str, wie sie erscheinen, M-Markierer übernehmen, bis 3 M vor R-Ende im Strukturmuster str, 1 M links, DRdm.

Den dunkelgrau hinterlegten Höhenrapport, gemessen an der linken Kante, insgesamt 13x arb und in der nächsten Hinr alle M elastisch abk, dabei bei den 8 Zopfm vor dem Abk jeweils 2 M rechts zusammenstr.

## FERTIGSTELLEN

Alle Fäden vernähen. Das Tuch vorsichtig in ein feuchtes Handtuch wickeln, dann auf das angegebene Maß spannen und trocknen lassen.

## Yvonnes Tipp

***Aus meiner Sicht eignet sich das Design auch perfekt für Wollreste. Warum den Tuchkörper nicht mehrfarbig arbeiten oder mit einem Farbverlaufbobbel? Ist das nicht das Tolle am Stricken: Es gibt so viele Möglichkeiten!***

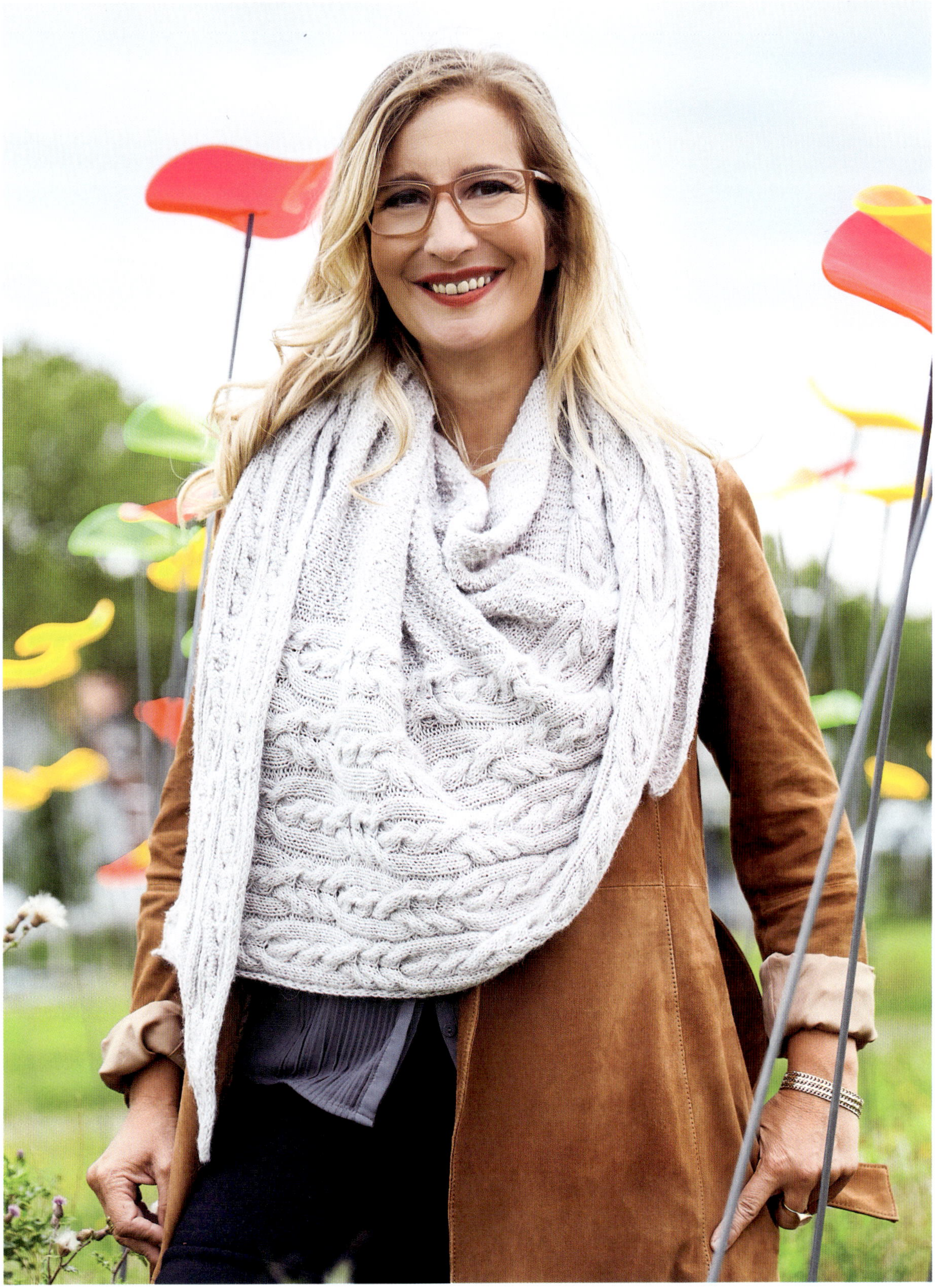

# LADRILLO

## Tuch mit Hebemaschen

***Das Muster sieht viel komplizierter aus, als es tatsächlich ist! Dass ich Hebemaschen liebe, hat sich mittlerweile herumgesprochen. Die Methode ist simpel aber effektvoll und auch für Anfänger bestens geeignet. Im Grunde muss man sich nur die vier Musterreihen merken. Trotzdem hab ich die Strickschrift gerne neben mir liegen: Wenn ich müde werde, passieren sonst seltsamste Fehler!***
***Kleine Anekdote: Ich habe wirklich andauernd die Mittelmasche falsch gearbeitet. Sie wird nicht in der Kontrastfarbe abgestrickt, sondern abgehoben! Aber das Tuch wird so groß – irgendwann konnte ich mir das dann doch merken!***

### SCHWIERIGKEITSGRAD ♥♡♡

### GRÖSSE

220 cm breit, 90 cm hoch

### MATERIAL

- Lana Grossa Alta Moda Cotolana (LL 150 m/50 g) in Altrosa (Fb 07), 250 g und in Pastelltürkis (Fb 12), 200 g
- 2 Rundstricknadeln 4,5 mm, 100 cm lang
- Maschenmarkierer
- Wollnadel

### MASCHENPROBE

Im Hebemaschenmuster mit Nd 4,5 mm
22 M und 38 R = 10 cm x 10 cm

### KRAUS RECHTS

In Hin- und Rückr rechte M str.

### ELASTISCHES ABKETTEN

2 M rechts str, beide M wieder zurück auf die linke Nd heben und rechts verschränkt zusammenstr, * 1 M rechts str, die beiden M der rechten Nd wieder zurück auf die linke Nd heben und rechts verschränkt zusammenstr. Ab * fortlaufend wdh, bis alle M abgekettet sind.

### FARBFOLGE

2 R in Altrosa und 2 R in Pastelltürkis im Wechsel str.

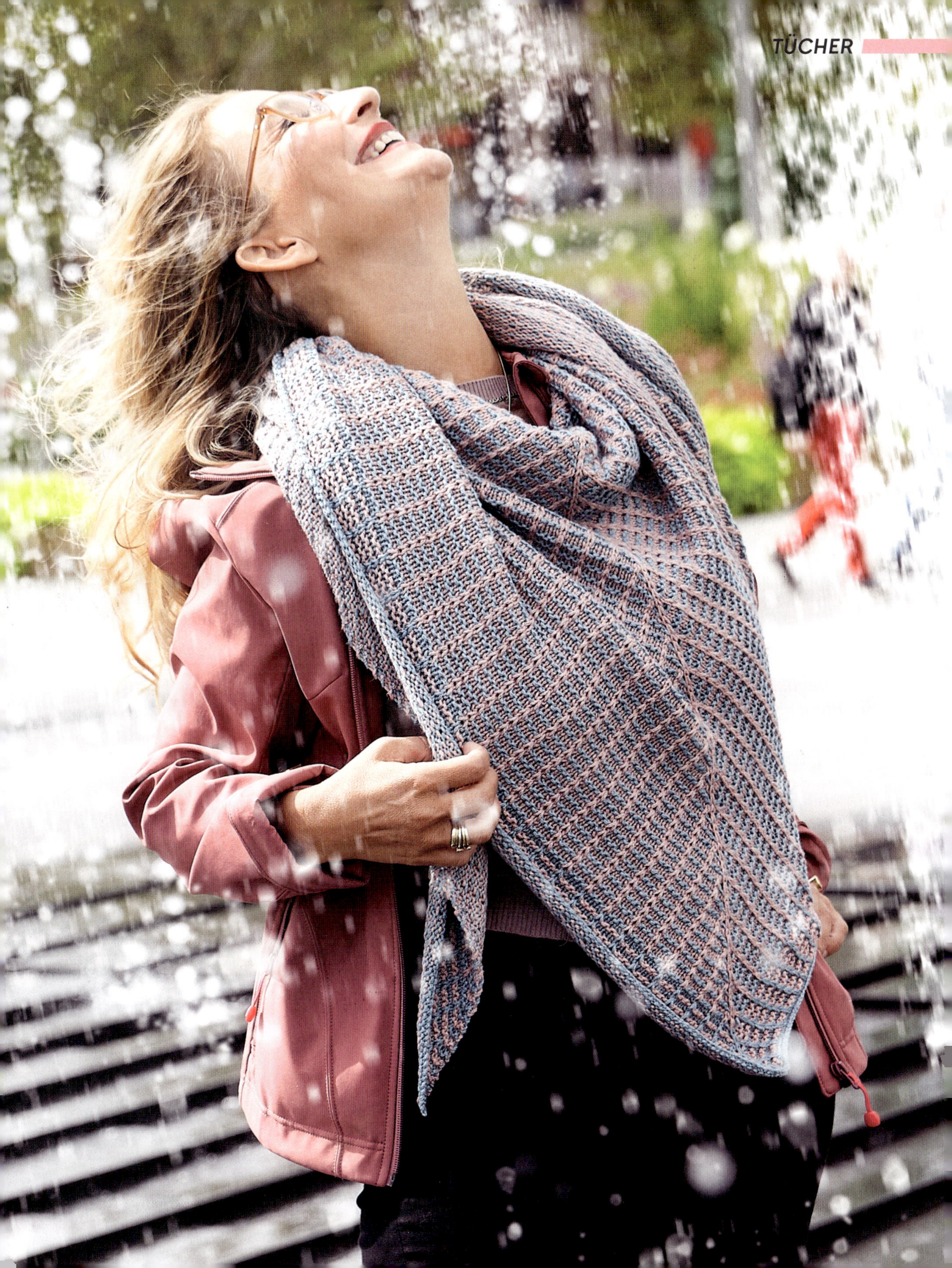

## DREISEITIGER MASCHENANSCHLAG (GARTER TAB)

3 M anschl.

*1.–6. R:* Kraus rechts str.

*7. R:* 3 M rechts str, die Arbeit um 90° nach rechts drehen und aus der seitlichen Kante 3 M herausstr, die Arbeit erneut um 90° nach rechts drehen und aus der Anschlagkante ebenfalls 3 M herausstr (= 9 M).

*8. R (Rückr):* Alle M rechts str.

## 2-FARBIGES HEBEMASCHENMUSTER

Nach der Strickschrift in R arb. Die ungeraden R bezeichnen die Hinr, die geraden die Rückr. Die Hinr werden von rechts nach links, die geraden von links nach rechts gelesen. Die M sind gezeichnet, wie sie auf der Vorderseite erscheinen. Der Musterrapport für das Hebemaschenmuster ist grau hinterlegt. Die Pink unterlegten R werden in Altrosa, die anderen in Türkis gestrickt.

**2-farbiges Hebemaschenmuster**

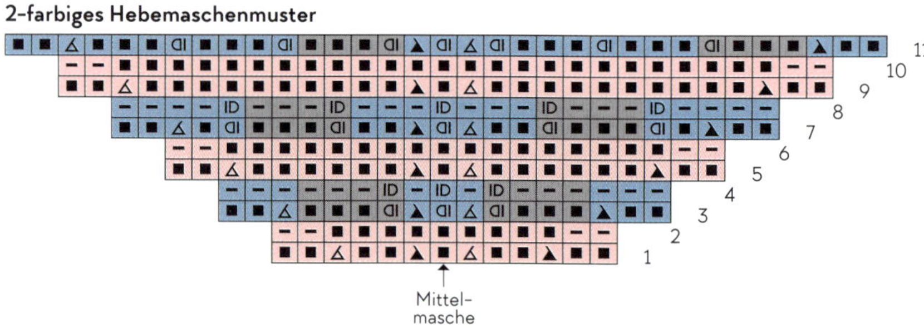


■ = In Hinreihen: 1 Masche rechts; in Rückreihen: 1 Masche links

– = In Hinreihen: 1 Masche links; in Rückreihen: 1 Masche rechts.

▲ = 1 linksgeneigte Zunahme: Mit der linken Nadel von vorne unter den Querfaden zur nächsten Masche einstechen und so eine neue Masche auf die linke Nadel heben, diese Masche rechts verschränkt stricken.

△ = 1 rechtsgeneigte Zunahme: Mit der linken Nadel von hinten unter den Querfaden zur nächsten Masche einstechen und so eine neue Masche auf die linke Nadel heben, diese Masche rechts stricken.

Ɑl = 1 Masche wie zum Linksstricken abheben mit dem Faden hinter der Masche

ID = 1 Masche wie zum Linksstricken abheben mit dem Faden vor der Masche

= 1 Masche in Altrosa

= 1 Masche in Pastelltürkis

= Rapport

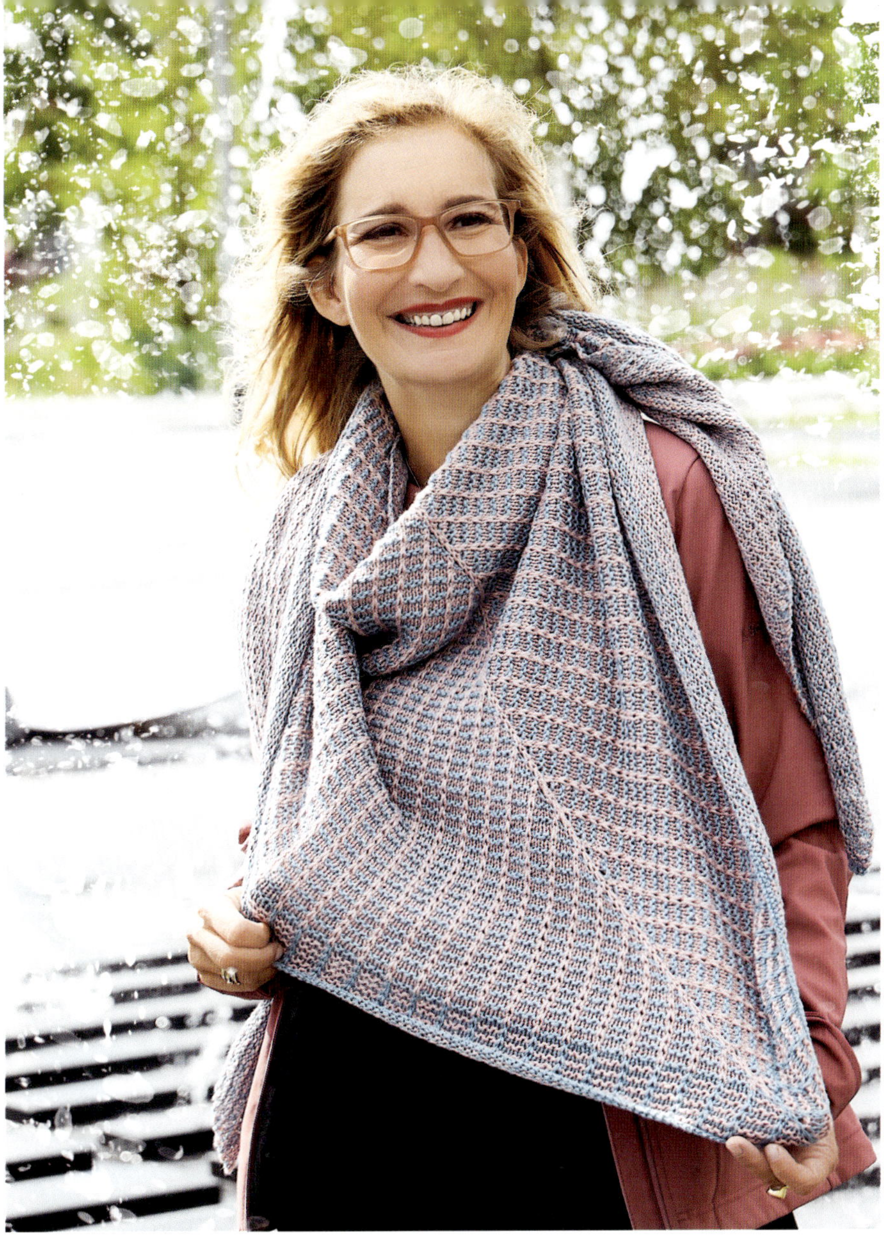

## ANLEITUNG

In Altrosa 3 M anschl und den dreiseitigen M-Anschlag arb. Nach 8. R (= 9 M).

Weiter nach der Strickschrift und der Fb-Folge arb.

*9.–18. R:* Die 1.–10. R der Strickschrift arb.

*19.–242. R:* Weiter die 3.–10. R der Strickschrift noch 28x wdh, dabei erweitert sich nach jeder Wiederholung die Breite rechts und links der Mittelm um 2 Musterrapporte – zum besseren Verständnis ist die 11. R (= Hinr) gezeichnet.

*243.+244. R (Türkis):* Die 3.+4. R der Strickschrift arb.

Nun die Fb nicht wechseln, sondern weiter in Türkis str.

*245.+246. R (Türkis):* Die 5.+6. R der Strickschrift arb.

Der glatt rechts gestrickte Teil des Hebemaschenmusters wird nun in Türkis gestrickt.

*247.+248. R (Altrosa):* Die 7.+8. R der Strickschrift arb.

*249.–250. R (Türkis):* Die 9.+10. R der Strickschrift arb.

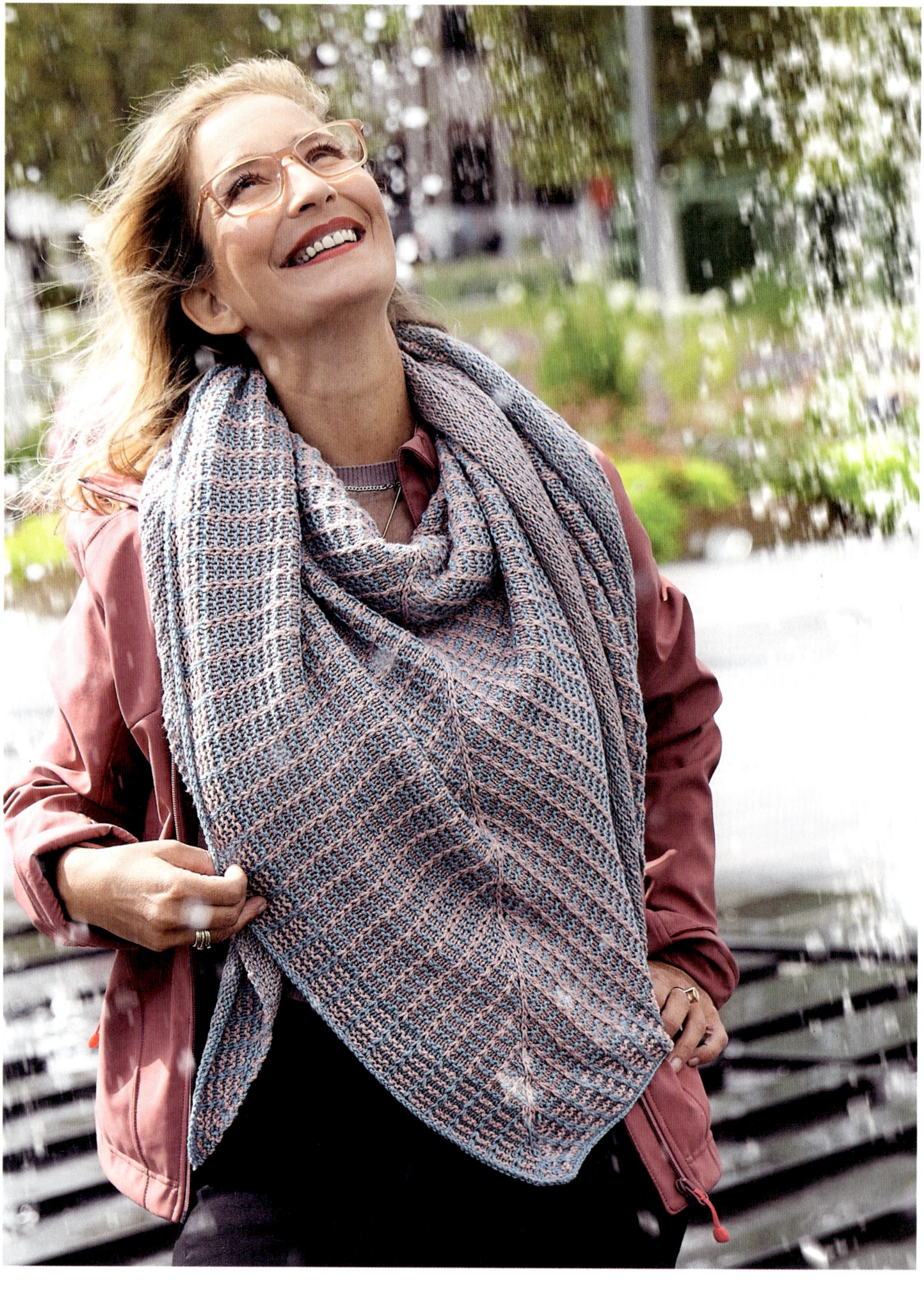

*251.-266. R:* In dieser neuen Fb-Folge die 3.-10. R der Strickschrift noch 2x wdh.
*267. R (Türkis):* Alle M elastisch abk.

## FERTIGSTELLEN

Alle Fäden vernähen. Das Tuch vorsichtig in ein feuchtes Handtuch wickeln, auf das angegebene Maß spannen und trocknen lassen.

## Yvonnes Tipps

***Wenn die Maschenzahl für eine Rundstricknadel zu groß wird, eine zweite dazu nehmen und das Strickprojekt vor oder nach der Mittelmasche teilen.***

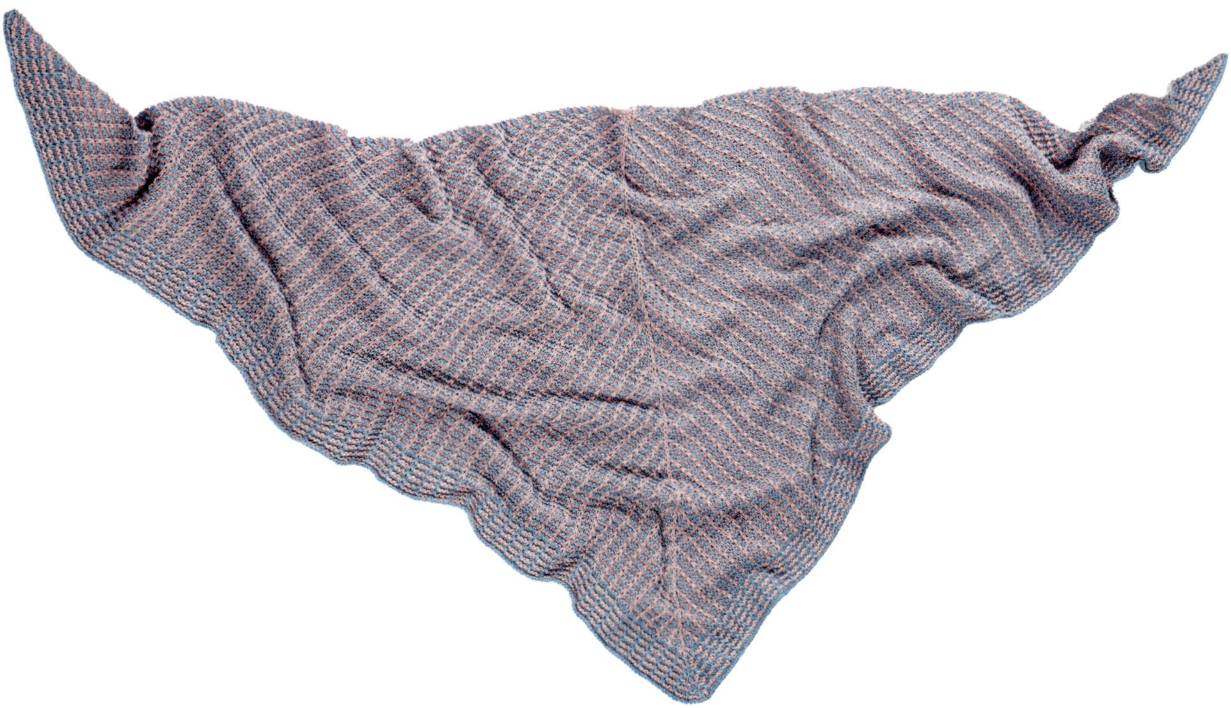

# SPIEKEROOG

## Halbrundes Tuch

***Der helle Strand, die grünen Dünen, die blaue Nordsee und die weißen Schaumkronen, die wie Blüten über das Wasser tanzen: Eigentlich wollte ich im Strandkorb sitzend endlich mal wieder etwas lesen und die Stricknadeln Stricknadeln sein lassen. Aber dieser Ausblick und diese Farben! Die Idee für „Spiekeroog" war geboren und dank Internet auch die Wolle schnell vor Ort. Übrigens, es wird bei mir auch im Sommer fleißig gestrickt. Muss ja keine Winterdecke werden bei 28 Grad im Schatten, sondern ein Tuch, das noch lange an die schönen Tage an der Nordsee erinnern wird.***

### SCHWIERIGKEITSGRAD

### GRÖSSE

170 cm breit, 90 cm hoch

### MATERIAL

- Rosy Green Wool Cheeky Merino Joy (LL 320 m/100 g) in Grünspan (Fb 122), Dunst (Fb 127), Gartenteich (Fb 103) und Edelweiß (Fb 65), je 200 g
- Rundstricknadel 3,5 mm, 100 cm lang
- 4 Maschenmarkierer
- Wollnadel

### MASCHENPROBE

Glatt rechts mit Nd 3,5 mm
21 M und 28 R = 10 cm x 10 cm

### RANDMASCHEN

Zu Beginn und am Ende jeder R 3 M rechts str.

### LINKSGENEIGTE ZUNAHME

Mit der linken Nd von vorne unter den Querfaden zur nächsten M einstechen und so eine neue M auf die linke Nd heben, diese M rechts verschränkt str.

### RECHTSGENEIGTE ZUNAHME

Mit der linken Nd von hinten unter den Querfaden zur nächsten M einstechen und so eine neue M auf die linke Nd heben, diese M rechts str.

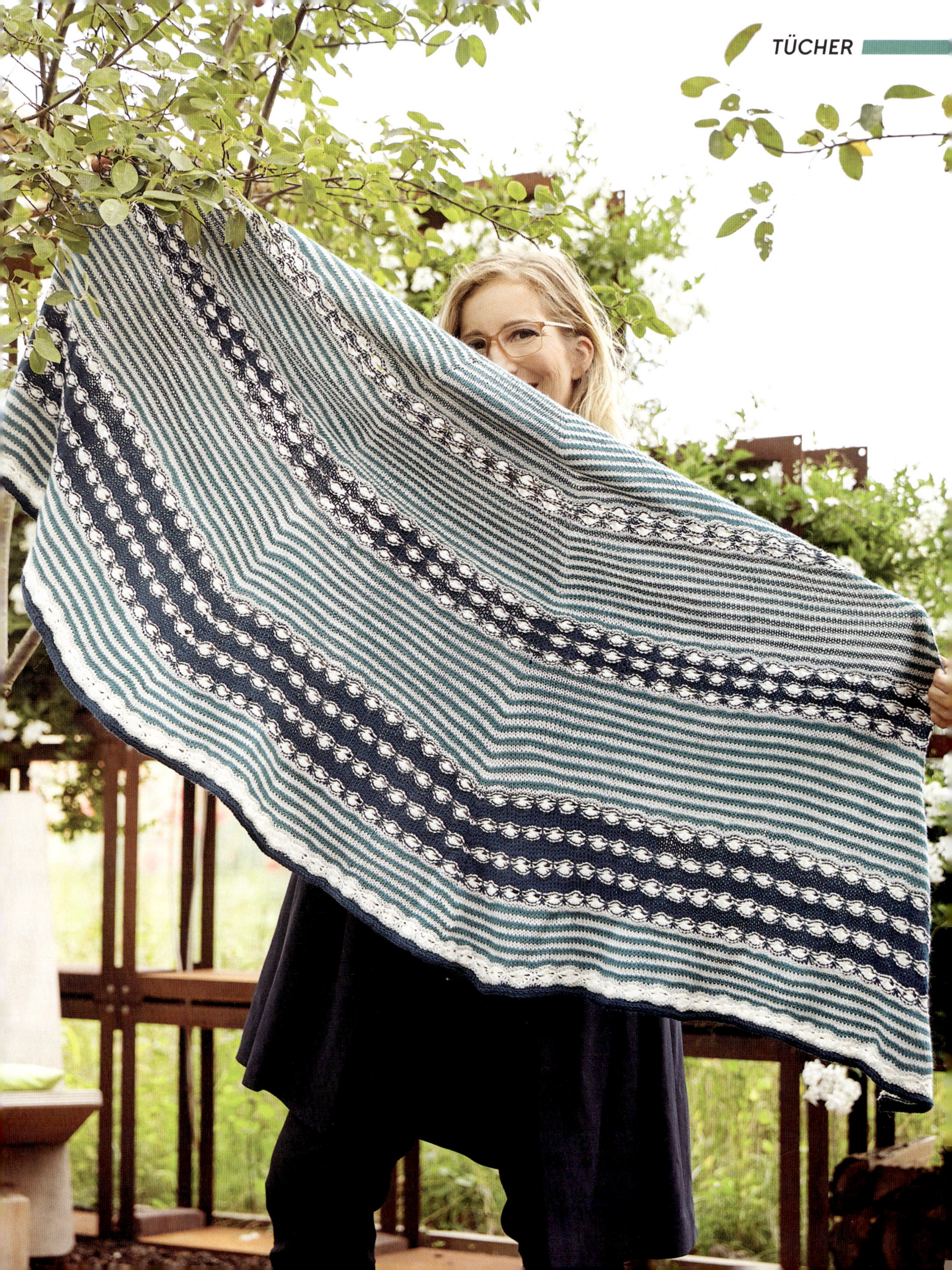

## ABKETTEN MIT KORDELRAND

Aus der 1. M 3 M herausstr: Dafür einmal in den vorderen M-Bogen 1 M rechts str, die M auf der linken Nd belassen, 1 M rechts in den hinteren M-Bogen str, noch 1 M rechts in den vorderen M-Bogen str. Diese 3 M zurück auf die linke Nd heben. Nun * 2 M rechts str und 2 M durch den hinteren M-Bogen rechts verschränkt zusammenstr, die 3 M zurück auf die linke Nd heben, ab * fortlaufend wdh, bis zur noch 3 M auf der Nd sind. Den Arbeitsfaden durch die letzten 3 M ziehen.

## STREIFENMUSTER

*1. R (Grünspan):* 3 M rechts (= Rdm), 1 linksgeneigte Zunahme, rechte M bis 3 M vor R-Ende, 1 rechtsgeneigte Zunahme, 3 M rechts (= Rdm).

*2. R:* 3 M rechts (= Rdm), linke M bis 3 M vor R-Ende, 3 M rechts (= Rdm).

*3. R (Dunst):* 3 M rechts (= Rdm), 1 linksgeneigte Zunahme, rechte M bis zum M-Markierer, 1 rechtsgeneigte Zunahme, M-Markierer übernehmen, rechte M bis zum M-Markierer, M-Markierer übernehmen, 1 linksgeneigte Zunahme, rechte M bis zum M-Markierer, 1 rechtsgeneigte Zunahme, M-Markierer übernehmen, rechte M bis zum M-Markierer, M-Markierer übernehmen, 1 linksgeneigte Zunahme, rechte M bis zum M-Markierer, 1 rechtsgeneigte Zunahme, 3 M rechts (= Rdm).

*4. R:* 3 M rechts (= Rdm), linke M bis 3 M vor R-Ende, 3 M rechts (= Rdm).

## SCHLINGENMASCHE

In einer Hinr * in die M wie zum Rechtsstr einstechen und den Faden holen, aber nicht durchziehen, sondern die Schlinge auf der Nd lassen, noch 2 weitere U auf die Nd legen (= 3 U auf der rechten Nd), dann die rechte Nd mit den 3 U durch die M ziehen und die M von der linken Nd gleiten lassen.

## BLUMENMASCHE

In einer Rückr die 5 Schlingen-M der Vor-R wie folgt zu einer Blume verbinden: Der Arbeitsfaden liegt hinten. Die 1. Schlingen-M auf die rechte Nd nehmen, dabei die U auflösen, so dass 1 große Schlinge auf der rechten Nd entsteht, mit den nächsten 4 Schlingen-M ebenso verfahren, sodass 5 große Schlingen auf der rechten Nd liegen. Nun den Faden nach vorne legen, die 5 großen Schlingen auf die linke Nd heben, den Arbeitsfaden vor den Schlingen wieder nach hinten führen, die Schlingen wieder auf die rechte Nd heben, den Arbeitsfaden nach vorne führen, die Schlingen wieder auf die linke Nd heben, den Faden nach hinten führen und die Schlingen noch einmal auf die rechte Nd heben. Die fertige Blume liegt nun auf der rechten Nd, die 5 Schlingen sind durch 2 querliegende Fäden abgebunden.

## BLUMENMUSTER

M-Zahl teilbar durch 6 + 1

*1. R (Gartenteich):* Alle M rechts str.

*2. R (Edelweiß):* * 1 M rechts, 5 Schlingen-M arb, ab * fortlaufend wdh. Mit 1 M rechts enden.

*3. R:* * 1 M rechts, 1 Blumenmasche arb, ab * fortlaufend wdh. Mit 1 M rechts enden.
*4. R (Gartenteich):* Alle M rechts str.

## ANLEITUNG

Das Tuch wird von der Mitte der oberen Kante ausgehend nach unten und außen gestrickt. Es besteht aus einem Streifenmuster in glatt rechts, einer Krausrippe vor und nach dem Blumenmuster sowie dem Blumenmuster selbst.
In Grünspan 9 M anschl und zunächst eine Rückr wie folgt arb:
*Rückr:* 3 M rechts (= Rdm), 3 M links, 3 M rechts (= Rdm).
*1. R (Grünspan):* 3 M rechts (= Rdm), 1 linksgeneigte Zunahme, rechte M bis 3 M vor R-Ende, 1 rechtsgeneigte Zunahme, 3 M rechts (= Rdm) (= 11 M).
*2. R:* 3 M rechts (= Rdm), linke M bis 3 M vor R-Ende, 3 M rechts (= Rdm).
Nun 4 M-Markierer setzen.
*3. R (Dunst):* 3 M rechts (= Rdm), 1 linksgeneigte Zunahme, 1 M rechts, 1 rechtsgeneigte Zunahme, M-Markierer setzen, 1 M rechts, M-Markierer setzen, 1 linksgeneigte Zunahme, 1 M rechts, 1 rechtsgeneigte Zunahme, M-Markierer setzen, 1 M rechts, M-Markierer setzen, 1 linksgeneigte Zunahme, 1 M rechts, 1 rechtsgeneigte Zunahme, 3 M rechts (= Rdm) (= 17 M).
*4. R:* 3 M rechts (= Rdm), linke M bis 3 M vor R-Ende, 3 M rechts (= Rdm).
*5.-72. R:* Die 1.-4. R des Streifenmusters 17x wdh. Nach der 72. R (= 153 M).

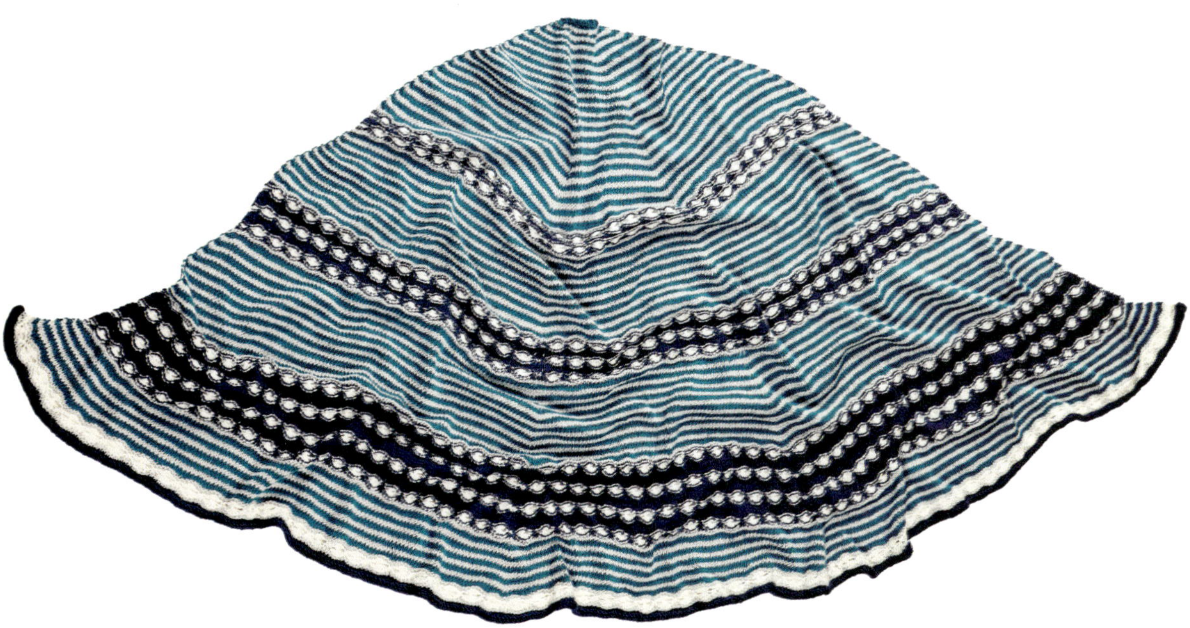

***73.+74. R (Grünspan):*** Wie die 1.+2. R des Streifenmusters str. Den Faden abschneiden (= 155 M).
***75. R (Dunst):*** 3 M rechts (= Rdm), 1 linksgeneigte Zunahme, rechte M bis zu den letzten 3 M, 1 rechtsgeneigte Zunahme, 3 M rechts (= Rdm) (= 157 M).
Die folgende Rückr wird mit rechten M gearbeitet, damit eine Rippe kraus rechts entsteht.
***76. R (Dunst):*** 3 M rechts (= Rdm), rechte M bis zu den letzten 3 M, 3 M rechts (= Rdm). Den Faden abschneiden.
Jetzt im Blumenmuster weiterstr, dabei die M-Markierer einfach im Strickstück lassen und mit nach oben übernehmen, bis sie wieder gebraucht werden.
***77.-84. R:*** Die 1.-4. R des Blumenmuster 2x str.
***85.+86. R (Dunst):*** Wie die 75.+76. R str (= 159 M), so dass wieder eine Rippe kraus rechts entsteht.
Weiter geht es im Streifenmuster.
***87.-122. R:*** Die 1.-4. R des Streifenmusters 9x str. Nach der 122. R (= 231 M).
Es folgt ein Blumenmusterblock:
***123.-126. R:*** Wie die 73.-76. R str (= 235 M).
***127.-130. R:*** Die 1.-4. R des Blumenmuster str.
***131.+132. R (Gartenteich):*** Wie die 75.+76. R str, so dass wieder eine Rippe kraus rechts entsteht (= 237 M).
***133.-136. R:*** Die 1.-4. R des Blumenmusters str, dabei alle R mit 3 rechten M beginnen und beenden.
***137.+138. R:*** Wie die 75.+76. R str, so dass wieder eine Rippe kraus rechts entsteht (= 239 M).
***139.-142. R:*** Die 1.-4. R des Blumenmusters str, dabei alle R mit 3 rechten M beginnen und beenden..
***143.-144. R:*** Wie die 75.+76. R str, so dass wieder eine Rippe kraus rechts entsteht (= 241 M).
Nun wieder im Streifenmuster arb.
***145.-180. R:*** Die 1.-4. R des Streifenmusters 9x str (= 313 M).
Es folgt ein weiterer Blumenmusterblock.
***181.-184. R:*** Wie die 73.-76. R str (= 317 M).
***185.-188. R:*** Die 1.-4. R des Blumenmusters str, dabei alle R mit rechten M beenden.
***189.-192. R (Gartenteich):*** Die 1.-4. R des Streifenmusters uni in Gartenteich str (= 325 M).
***193.-216. R:*** Die 185.-192. R noch 2x wdh (= 341 M).
***217.-220. R:*** Die 1.-4. R des Blumenmusters str, dabei alle R mit rechten M beenden.
***221.+222. R:*** Wie die 75.+76.R str (= 343 M).
Zum Schluss noch einmal das Streifenmuster str.
***223.-238. R:*** Die 1.-4. R des Streifenmusters 4x str (= 367 M).
***239.-242. R:*** Wie die 73.-76. R str (= 371 M).
***243.-246. R (Edelweiß):*** Die 1.-4. R des Blumenmusters uni in Edelweiß str, dabei alle R mit rechten M beenden.
***247.+248. R (Gartenteich):*** Wie die 1.+2. R des Streifenmusters uni in Gartenteich str (= 373 M).
Alle M mit einem Kordelrand abk.

## FERTIGSTELLEN

Alle Fäden vernähen. Das Tuch anfeuchten, auf das angegebene Maß spannen und trocknen lassen.

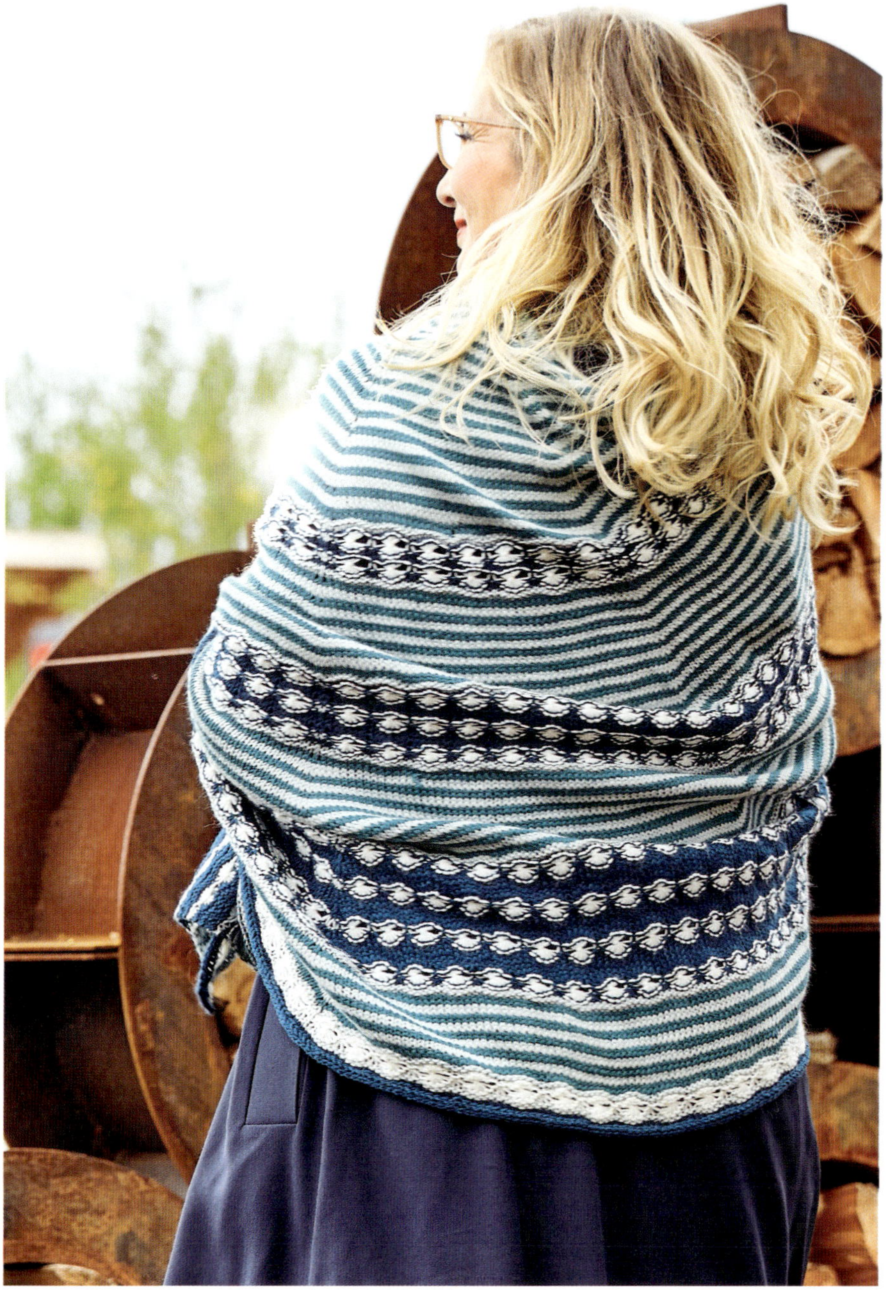

## Yvonnes Tipps

*Bitte unbedingt vor Beginn die gesamte Anleitung und die Musterfolge genau durchlesen!*
*Die Maschenmarkierer sind eine große Hilfe und können auch einfach mit andersfarbiger Wolle als Schlaufe selbst gemacht werden.*
*Ich markiere mir immer mit Leuchtstift die Zunahmen und das Setzen der Maschenmarkierer im Text, bevor ich mit dem Stricken anfange. Das kostet etwas Zeit, lohnt aber den Aufwand.*
*Wer sehr fest strickt, sollte nach der 1. Masche jeder Reihe einen Umschlag arbeiten und diesen in der Folgereihe wieder fallenlassen. Dadurch wird die Kante schön elastisch!*

# NUBE

## Dreieckstuch mit Mosaikborte

***Ohne Mohair konnte einfach kein Buch über meine Tücherliebe entstehen. Wahnsinn, wie sich hier die Garnqualitäten verändert haben … Ich bin schockverliebt, sowohl in die Farben als auch in den Flausch, der nicht kratzt und ärgert so wie früher. Im Gegenteil, das Tuch fühlt sich an wie eine Wolke und begleitet mich so oft es geht.***

### SCHWIERIGKEITSGRAD ♥♥♡

### GRÖSSE

200 cm breit, 85 cm hoch

### MATERIAL

- Rowan Kid Silk Haze (LL 210 m/25 g) in Grace (Fb 580), 75 g und in Blushes (Fb 583), 50 g
- 2 Rundstricknadeln 3,0 mm, 100 cm lang
- Maschenmarkierer
- Wollnadel

### MASCHENPROBE

Kraus rechts mit Nd 3,0 mm
32 M und 44 R = 10 cm x 10 cm

### KRAUS RECHTS

In Hin- und Rückr rechte M str.

### RANDMASCHEN

Die Rdm in den Hin- und Rückr rechts str.

### FARBFOLGE

2 R in Grace und 2 R in Blushes im Wechsel str.

### 1 MASCHE RECHTS VERSCHRÄNKT AUS DEM QUERFADEN ZUNEHMEN

Mit der linken Nd von hinten unter den Querfaden zur nächsten M einstechen und so eine neue M auf die linke Nd heben, diese M rechts verschränkt abstr.

### ELASTISCHES ABKETTEN

2 M rechts str, beide M wieder zurück auf die linke Nd heben und rechts verschränkt zusammenstr, * 1 M rechts str, die beiden M der rechten Nd wieder zurück auf die linke Nd heben und rechts verschränkt zusammenstr. Ab * fortlaufend wdh, bis alle M abgekettet sind.

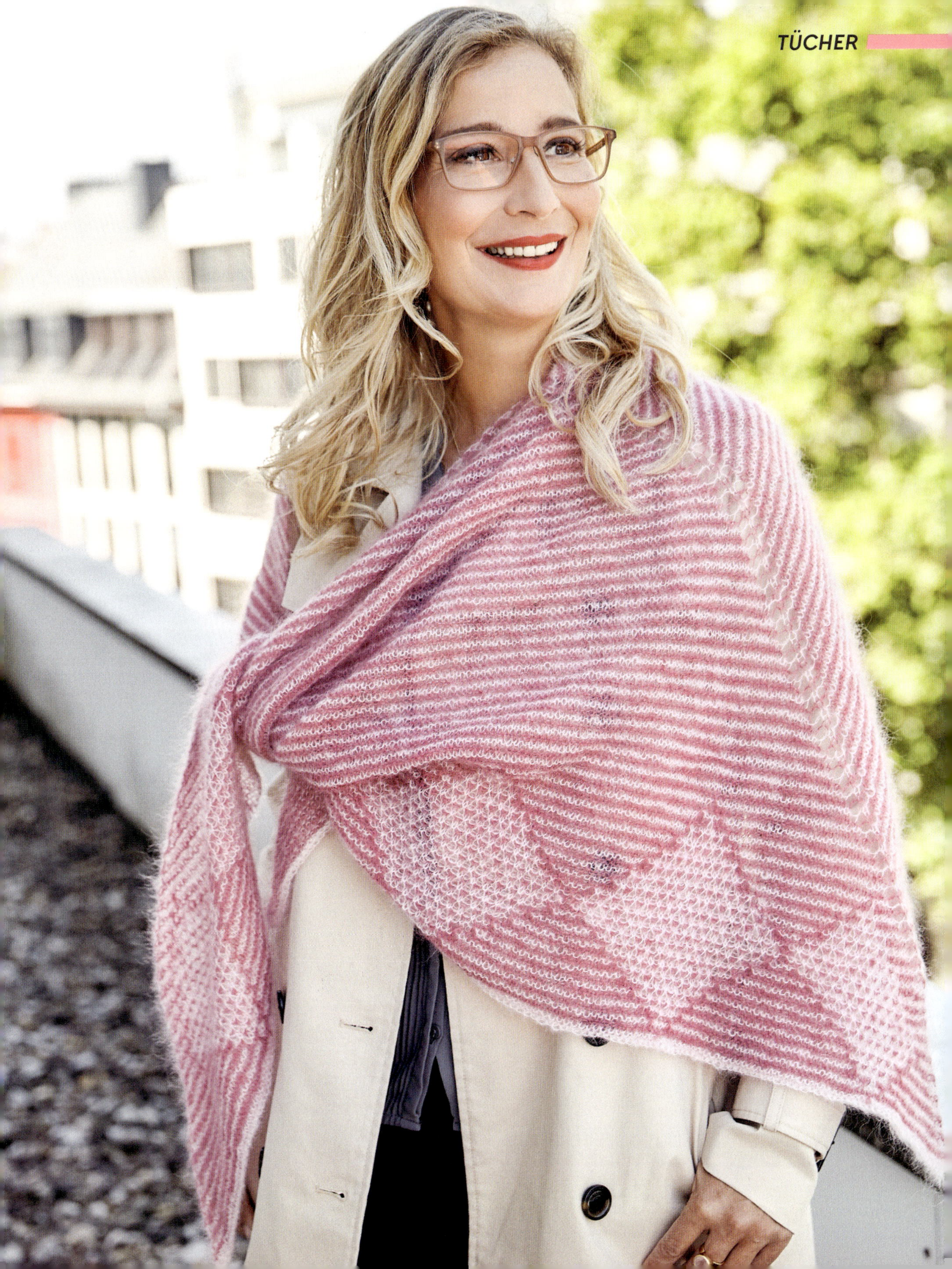

**Strickschrift 1**

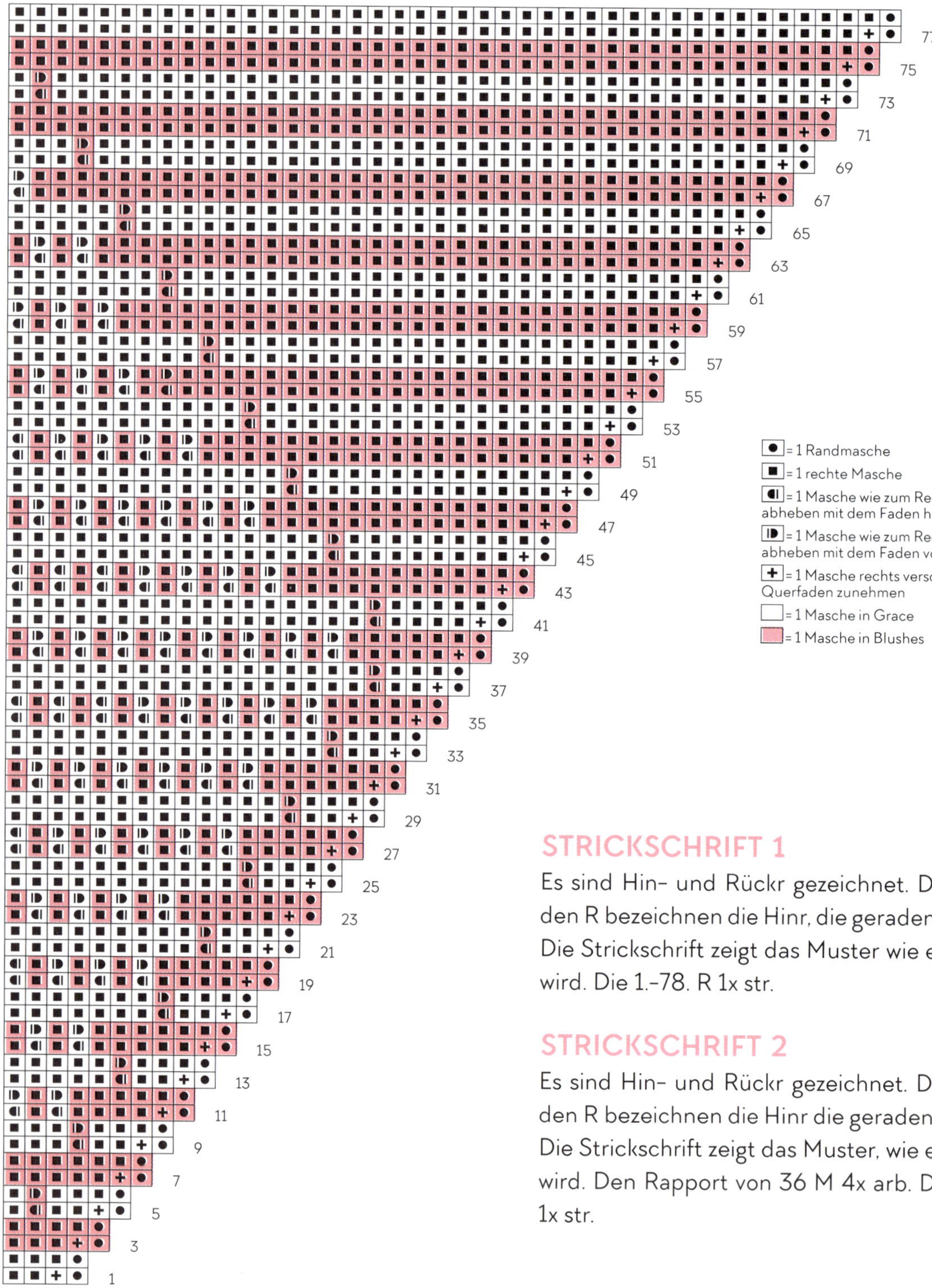

● = 1 Randmasche

■ = 1 rechte Masche

◖ = 1 Masche wie zum Rechtsstricken abheben mit dem Faden hinter der Masche

◗ = 1 Masche wie zum Rechtsstricken abheben mit dem Faden vor der Masche

+ = 1 Masche rechts verschränkt aus dem Querfaden zunehmen

[weißes Kästchen] = 1 Masche in Grace

[rosa Kästchen] = 1 Masche in Blushes

## STRICKSCHRIFT 1

Es sind Hin- und Rückr gezeichnet. Die ungeraden R bezeichnen die Hinr, die geraden die Rückr. Die Strickschrift zeigt das Muster wie es gestrickt wird. Die 1.–78. R 1x str.

## STRICKSCHRIFT 2

Es sind Hin- und Rückr gezeichnet. Die ungeraden R bezeichnen die Hinr die geraden die Rückr. Die Strickschrift zeigt das Muster, wie es gestrickt wird. Den Rapport von 36 M 4x arb. Die 1.–78. R 1x str.

**Strickschrift 2**

Rapport = 36 Maschen

**Strickschrift 3**

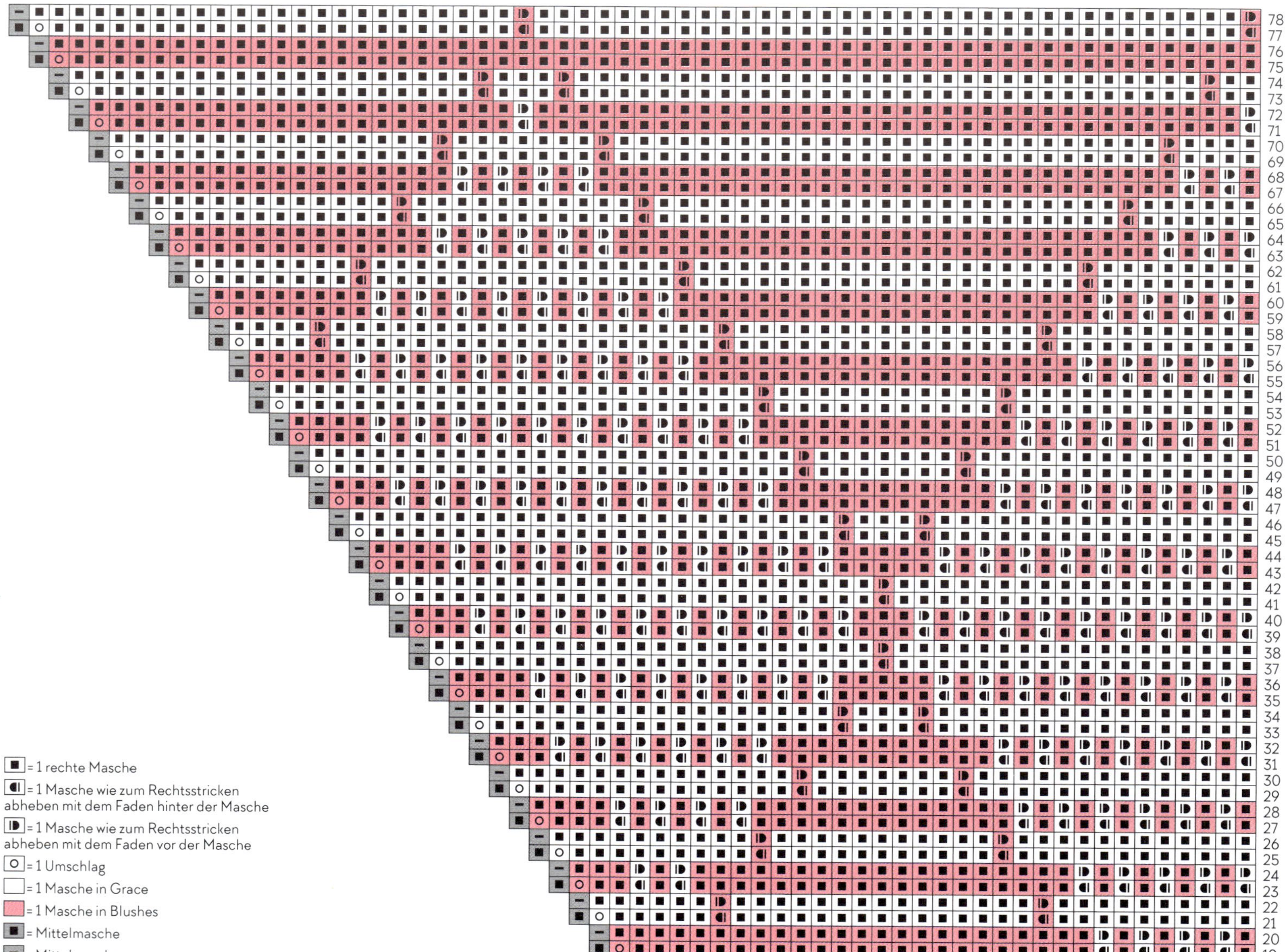

- ■ = 1 rechte Masche
- ◖ = 1 Masche wie zum Rechtsstricken abheben mit dem Faden hinter der Masche
- ◗ = 1 Masche wie zum Rechtsstricken abheben mit dem Faden vor der Masche
- ○ = 1 Umschlag
- □ = 1 Masche in Grace
- (rosa) = 1 Masche in Blushes
- (grau ■) = Mittelmasche
- (grau –) = Mittelmasche

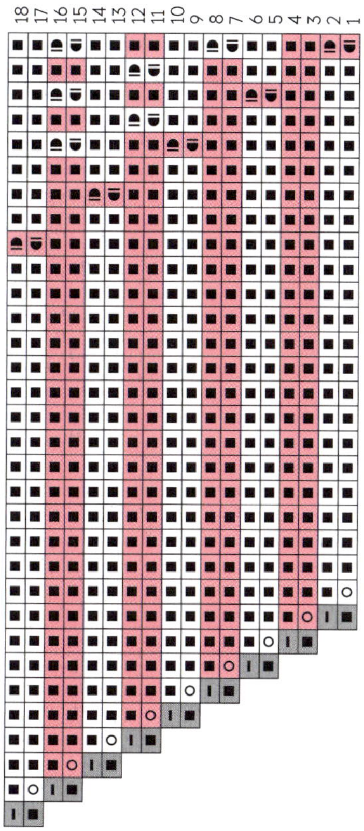

## STRICKSCHRIFT 3

Es sind Hin- und Rückr gezeichnet. Die ungeraden Reihen bezeichnen die Hinr, die geraden die Rückr. Die Strickschrift zeigt das Muster wie es gestrickt wird. Die 1.–78. R 1x str.

# ANLEITUNG

In Blushes 3 M anschl.

*1. R (Rückr):* 1 M rechts (= Rdm), 1 M links (= Mittelm), 1 M rechts (= Rdm).

Achtung! Die Mittelmasche in den Hinr immer rechts, in den Rückr immer links str.

Weiter nach der Fb-Folge arb. Den Faden der nicht benötigten Fb am Seitenrand hochführen.

*2. R (Grace):* 1 M rechts (= Rdm), 1 U, M-Markierer setzen, 1 M rechts (= Mittelm), 1 U, 1 M rechts (= Rdm) (= 5 M).

*3. R und alle folgenden Rückr:* Alle M und U rechts str, die Mittelm links str.

*4. R (Blushes):* 1 M rechts (= Rdm), 1 M aus dem Querfaden zur nächsten M herausstr, bis zum M-Markierer rechte M str, 1 U, M-Markierer übernehmen, 1 M rechts (= Mittelm), 1 U, rechte M bis 1 M vor R-Ende str, 1 M aus dem Querfaden zur nächsten M rechts herausstr, 1 M rechts (= Rdm) (= 9 M).

*6. R (Grace):* 1 M rechts (= Rdm), 1 M aus dem Querfaden zur nächsten M herausstr, bis zum M-Markierer rechte M str, 1 U, M-Markierer übernehmen, 1 M rechts (= Mittelm), 1 U, rechte M bis 1 M vor R-Ende str, 1 M aus dem Querfaden zur nächsten M herausstr, 1 M rechts (= Rdm) (= 13 M).

*8.–167. R:* Die 4.–7. R noch 40x wdh (= 333 M).

*168. R (Blushes):* Die 4. R noch 1x str (= 337 M).

*169. R:* 1 M rechts (= Rdm), 1 M aus dem Querfaden zur nächsten M herausstr, alle M und U rechts str, die Mittelm links str, rechte M bis 1 M

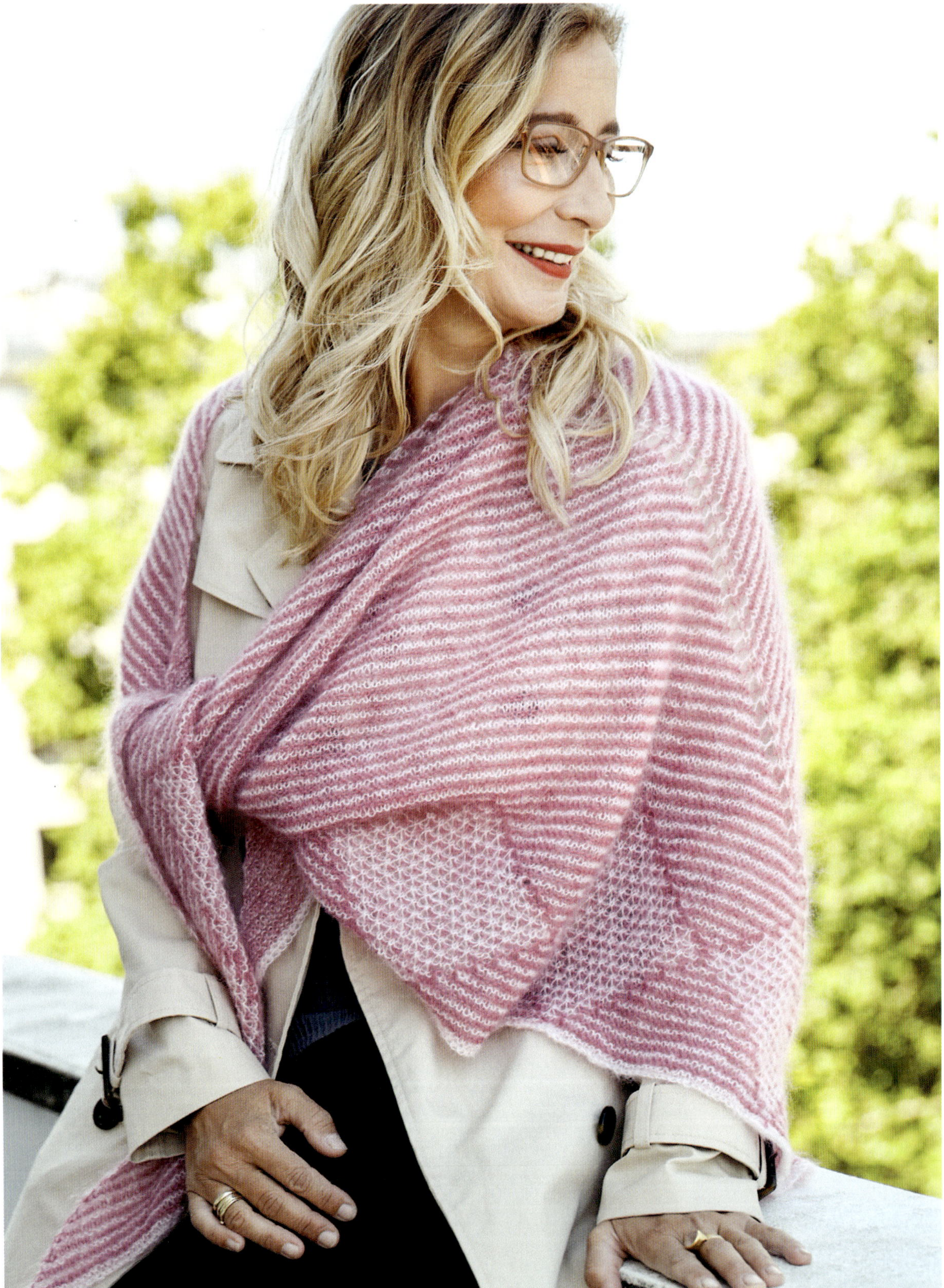

vor R-Ende, 1 M aus dem Querfaden zur nächsten M herausstr, 1 M rechts (= Rdm) (= 339 M).
Nun gemäß den Strickschriften in folgender Reihenfolge arb:

*170. R (Grace):* 4 M von Strickschrift 1, 4x 36 M von Strickschrift 2, 23 M von Strickschrift 3, M-Markierer übernehmen, Mittelm rechts str. Dann die R gegengleich beenden, also die Strickschriften ensprechend in umgekehrter Reihenfolge von links nach rechts arb (= 343 M).

*171.–248. R:* Die 2.–78. R der Strickschriften in der vorherigen Reihenfolge str.

*249. R (Grace):* Nach der letzten R der Strickschrift die Fb nicht wechseln, sondern in Grace alle M elastisch abk.

## FERTIGSTELLEN

Alle Fäden vernähen. Das Tuch vorsichtig in ein feuchtes Handtuch wickeln, dann auf das angegebene Maß spannen und trocknen lassen.

### Yvonnes Tipp

***Wenn die Maschenzahl für eine Nadel zu groß wird, können die Maschen auf 2 Nadeln verteilt werden.***

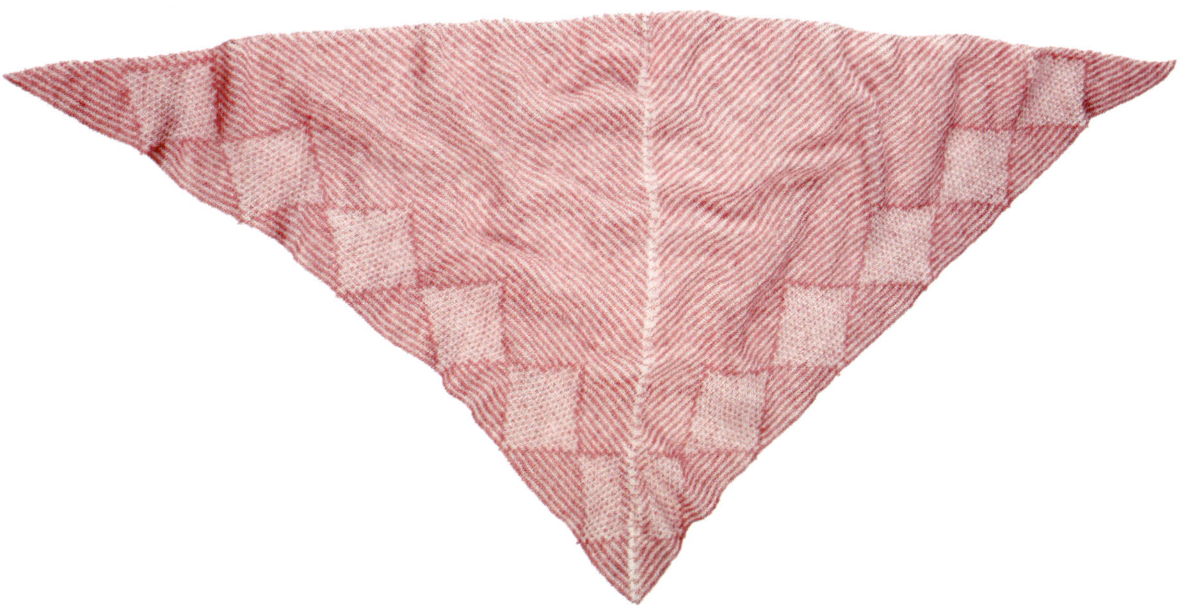

# HEAT

## Dreieckstuch mit Glitzergarn

***Was für eine heiße Garnkombination! Beim Stricken war ich absolut begeistert und vom Ergebnis gleich doppelt. Beide Garnqualitäten ergänzen sich perfekt, und die Mustersätze lassen sich nach Lust und Laune austauschen, erweitern oder auch ganz weglassen. Gestrickt während der ersten Hitzewelle des Jahres und damit der Beweis: Stricken geht auch bei über 30 Grad!***

### SCHWIERIGKEITSGRAD ♥♥♡

### GRÖSSE
170 cm breit, 90 cm hoch

### MATERIAL
- Lana Grossa Gomitolo Doppio (LL 380 m/100 g) in Weiß/Beige/Sand/Senfgelb/Khaki/Hellgrau (Fb 204), 200 g
- Lana Grossa Silkhair Lusso (LL 210 m/25 g) in Weiß (Fb 915), 75 g
- Rundstricknadel 5,0 mm
- 2 Maschenmarkierer

### MASCHENPROBE
Glatt rechts mit Nd 5,0 mm und doppeltem Faden aus Gomitolo und Silkhair
22 M und 22 R = 10 cm x 10 cm

### RANDMASCHEN
Zu Beginn und am Ende jeder R 3 M rechts str.

### MITTELMASCHE
Die Mittelm in den Hinr rechts, in den Rückr links str.

### LINKSGENEIGTE ZUNAHME
Mit der linken Nd von vorne unter den Querfaden zur nächsten M einstechen und so eine neue M auf die linke Nd heben, diese M rechts verschränkt str.

### RECHTSGENEIGTE ZUNAHME
Mit der linken Nd von hinten unter den Querfaden zur nächsten M einstechen und so eine neue M auf die linke Nd heben, diese M rechts str.

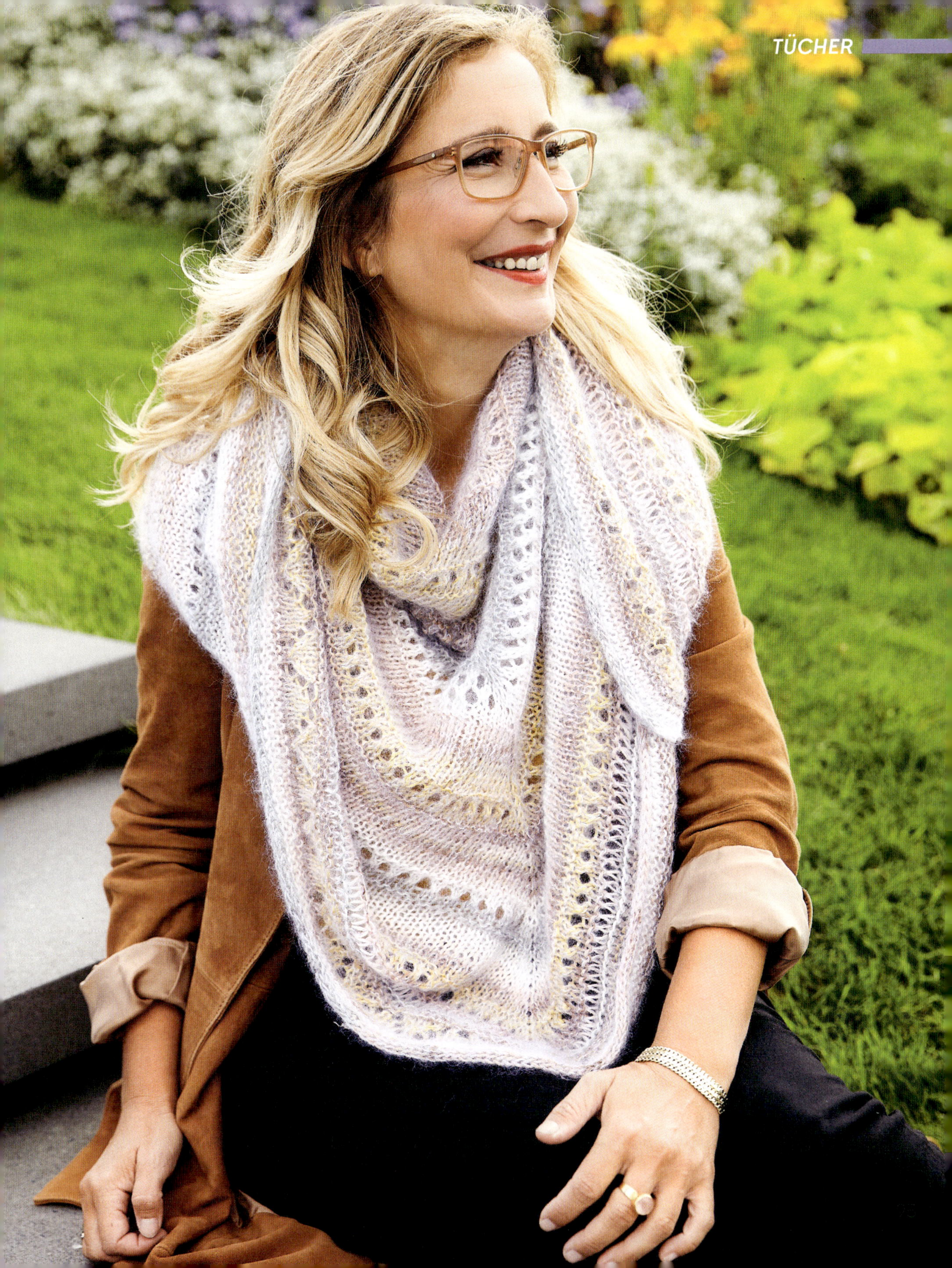

## 2 MASCHEN RECHTS ÜBERZOGEN ZUSAMMENSTRICKEN

1 M wie zum Rechtsstr abheben, 1 M rechts str und die abgehobene M überziehen.

## 3 MASCHEN RECHTS ÜBERZOGEN ZUSAMMENSTRICKEN

1 M wie zum Rechtsstr abheben, 2 M rechts zusammenstr und die abgehobene M überziehen.

## DREISEITIGER MASCHENANSCHLAG (GARTER TAB)

3 M anschl.

*1.-6. R:* Kraus rechts str.

*7. R:* 3 M rechts str, die Arbeit um 90° nach rechts drehen und aus der seitlichen Kante 3 M herausstr, die Arbeit erneut um 90° nach rechts drehen und aus der Anschlagkante ebenfalls 3 M herausstr (= 9 M).

*8. R (Rückr):* Alle M rechts str.

## ABKETTEN MIT KORDELRAND

Aus der 1. M 3 M herausstr: Dafür einmal in den vorderen M-Bogen 1 M rechts str, die M auf der linken Nd belassen, 1 M rechts in den hinteren M-Bogen str, noch 1 M rechts in den vorderen M-Bogen str. Diese 3 M zurück auf die linke Nd heben. Nun * 2 M rechts str und 2 M durch den hinteren M-Bogen rechts zusammenstr, die 3 M zurück auf die linke Nd heben, ab * so oft wiederholen, bis zur noch 3 M auf der Nd sind. Den Arbeitsfaden durch die letzten 3 M ziehen.

## GLATT-RECHTS-STREIFEN

*1. R:* 3 M rechts (= Rdm), 1 rechtsgeneigte Zunahme, rechte M bis zum M-Markierer, 1 linksgeneigte Zunahme, M-Markierer übernehmen, Mittelm rechts, M-Markierer übernehmen, 1 rechtsgeneigte Zunahme, rechte M bis 3 M vor R-Ende, 1 linksgeneigte Zunahme, 3 M rechts (= Rdm).

*2. R:* 3 M rechts (= Rdm), linke M bis zum M-Markierer, M-Markierer übernehmen, Mittelm links, M-Markierer übernehmen, linke M bis 3 M vor R-Ende, 3 M rechts (= Rdm).

Die 1.+2. R fortlaufend wdh.

## LOCHMUSTER

*1. R (Hinr):* 3 M rechts (= Rdm), 1 rechts geneigte Zunahme, rechte M bis zum M-Markierer, 1 links geneigte Zunahme, M-Markierer übernehmen, Mittelm rechts, Maschenmarkierer übernehmen, 1 rechts geneigte Zunahme, rechte M bis 3 M vor R-Ende, 1 links geneigte Zunahme, 3 M rechts (= Rdm).

*2. R (Rückr):* 3 M rechts (= Rdm), rechte M bis zum M-Markierer, M-Markierer übernehmen, Mittelm links, M-Markierer übernehmen, rechte M bis 3 M vor R-Ende, 3 M rechts (= Rdm).

*3. R:* 3 M rechts (= Rdm), 1 rechtsgeneigte Zunahme, rechte M bis zum M-Markierer, 1 linksgeneigte Zunahme, M-Markierer übernehmen, Mittelm rechts, M-Markierer übernehmen, 1 rechtsgeneigte Zunahme, rechte M bis 3 M vor R-Ende, 1 linksgeneigte Zunahme, 3 M rechts (= Rdm).

*4. R:* 3 M rechts (= Rdm), linke M bis zum M-Markierer, M-Markierer übernehmen, Mittelm links,

M-Markierer übernehmen, linke M bis 3 M vor R-Ende, 3 M rechts (= Rdm).
*5. R:* 3 M rechts (= Rdm), 1 rechtsgeneigte Zunahme, * 2 M rechts zusammenstr, 1 U, ab * fortlaufend wdh, bis 1 M vor dem M-Markierer, 1 M rechts, 1 linksgeneigte Zunahme, M-Markierer übernehmen, Mittelm rechts, M-Markierer übernehmen, 1 rechtsgeneigte Zunahme, 1 M rechts, ** 1 U, 2 M rechts zusammenstr, ab ** fortlaufend wdh bis 3 M vor R-Ende, 1 linksgeneigte Zunahme, 3 M rechts (= Rdm).
*6. R:* Wie die 4. R str.
*7. R:* Wie die 3. R str.
*8. R:* Wie die 2. R str.

## ANLEITUNG

Mit doppeltem Faden aus Gomitolo Doppio und Silkhair Lusso 3 M anschl und zunächst den dreiseitigen M-Anschlag arb. Nach der 8. R (= 9 M). In der folgenden R die M-Markierer setzen.
*1. R (Hinr):* 3 M rechts (= Rdm), 1 rechtsgeneigte Zunahme, 1 M rechts, 1 linksgeneigte Zunahme, M-Markierer setzen, 1 M rechts (= Mittelm), M-Markierer setzen, 1 rechtsgeneigte Zunahme, 1 M rechts, 1 linksgeneigte Zunahme, 3 M rechts (= Rdm) (= 13 M).
*2. R (Rückr):* 3 M rechts (= Rdm), linke M bis zu den letzten 3 M, 3 M rechts (= Rdm).

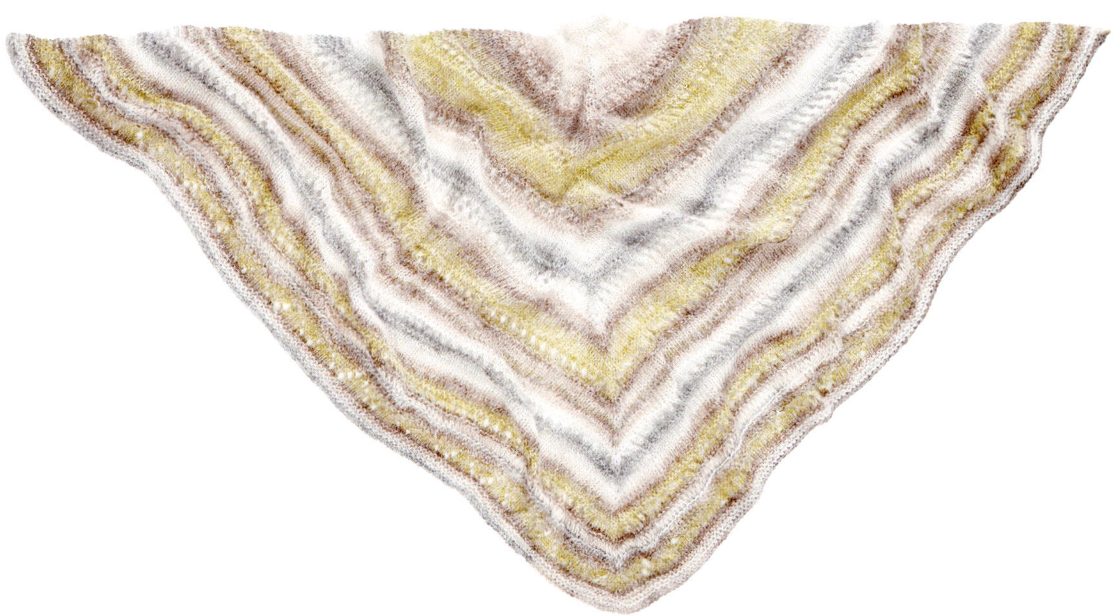

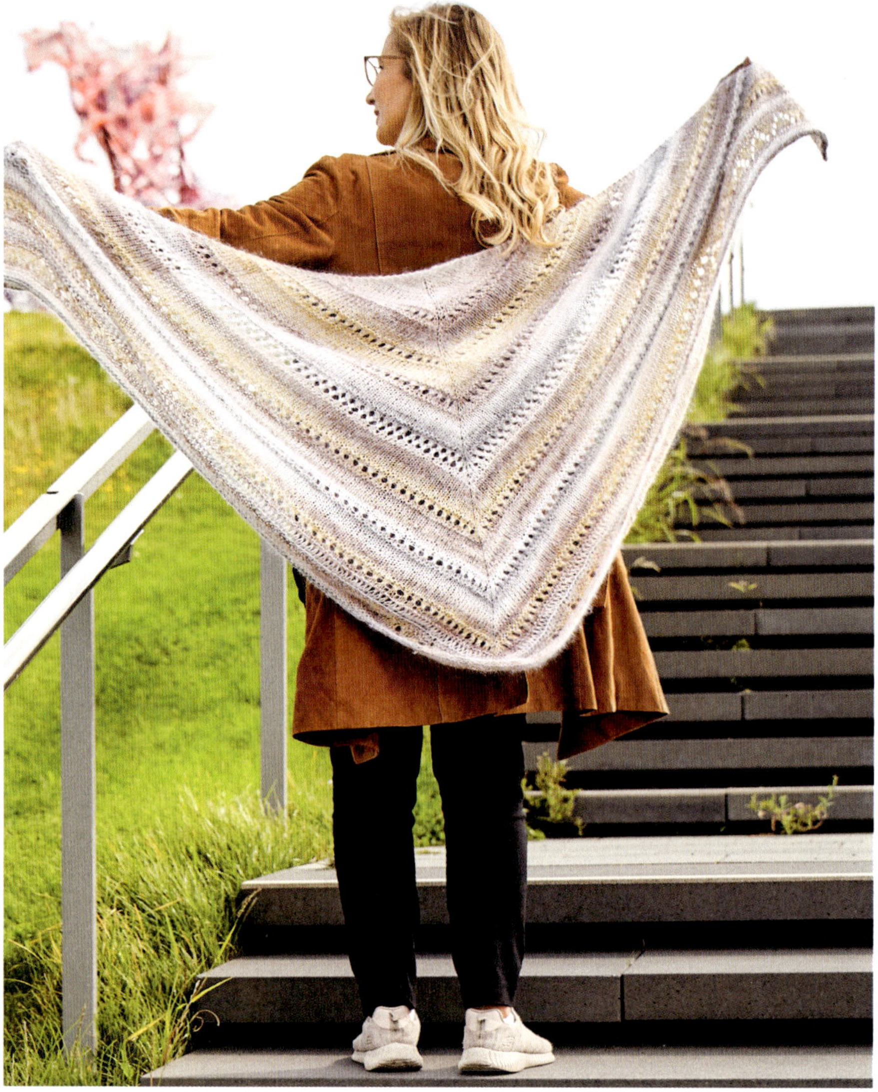

*3.–18. R:* Die 1.+2. R des Glatt-rechts-Streifens 8x str (= 45 M).
*19.–26. R:* Die 1.–8. R des Lochmusters str (= 61 M).
*27.–36. R:* Die 1.+2. R des Glatt-rechts-Streifens 5x str (= 81 M).
*37.–44. R:* Die 1.–8. R des Lochmusters str (= 97 M).
*45.–54. R:* Die 1.+2. R des Glatt-rechts-Streifens 5x str (= 117 M).
*55.–62. R:* Die 1.–8. R des Lochmusters str (= 133 M).
*63.–72. R:* Die 1.+2. R des Glatt-rechts-Streifens 5x str (= 153 M).

Nun kommt ein Dreifach-Lochmuster-Streifen:
*73. R (Hinr):* 3 M rechts (= Rdm), 1 rechts geneigte Zunahme, rechte M bis zum M-Markierer, 1 links geneigte Zunahme, M-Markierer übernehmen, Mittelm links, M-Markierer übernehmen, 1 rechts geneigte Zunahme, rechte M bis 3 M vor R-Ende, 1 links geneigte Zunahme, 3 M rechts (= Rdm).

*74. R (Rückr):* 3 M rechts (= Rdm), rechte M bis zum M-Markierer, M-Markierer übernehmen, Mittelm links, M-Markierer übernehmen, rechte M bis 3 M vor R-Ende, 3 M rechts (= Rdm).
*75. R:* 3 M rechts (= Rdm), 1 rechts geneigte Zunahme, rechte M bis zum M-Markierer, 1 links geneigte Zunahme, M-Markierer übernehmen, Mittelm links, M-Markierer übernehmen, 1 rechts geneigte Zunahme, rechte M bis 3 M vor R-Ende, 1 links geneigte Zunahme, 3 M rechts (= Rdm).
*76. R:* 3 M rechts (= Rdm), linke M bis zum M-Markierer, M-Markierer übernehmen, Mittelm links, M-Markierer übernehmen, linke M bis 3 M vor R-Ende, 3 M rechts (= Rdm).
*77. R:* 3 M rechts (= Rdm), 1 rechts geneigte Zunahme, * 2 M rechts zusammenstr, 1 U, ab * fortlaufend wdh bis 1 M vor dem M-Markierer, 1 M rechts, 1 links geneigte Zunahme, M-Markierer übernehmen, Mittelm rechts, M-Markierer übernehmen, 1 rechts geneigte Zunahme, 1 M rechts, ** 1 U, 2 M rechts zusammenstr, ab ** fortlaufend wdh bis 3 M vor R-Ende, 1 links geneigte Zunahme, 3 M rechts (= Rdm).
*78. R:* Alle M und U links str.
*79. R:* 3 M rechts (= Rdm), 1 rechts geneigte Zunahme, * 2 M rechts zusammenstr, 1 U, ab * fortlaufend wdh bis 1 M vor dem M-Markierer, 1 M rechts, 1 links geneigte Zunahme, M-Markierer übernehmen, Mittelm rechts, M-Markierer übernehmen, 1 rechts geneigte Zunahme, 1 M rechts, ** 1 U, 2 M rechts zusammenstr, ab ** fortlaufend wdh bis 3 M vor R-Ende, 1 links geneigte Zunahme, 3 M rechts (= Rdm).
*80. R:* Alle M und U links str.
*81. R:* 3 M rechts (= Rdm), 1 rechts geneigte Zunahme, * 2 M rechts zusammenstr, 1 U, ab * fortlaufend wdh bis 1 M vor dem M-Markierer, 1 M rechts, 1 links geneigte Zunahme, M-Markierer übernehmen, Mittelm rechts, M-Markierer übernehmen, 1 rechts geneigte Zunahme, 1 M rechts, ** 1 U, 2 M rechts zusammenstr, ab ** fortlaufend wdh bis 3 M vor R-Ende, 1 links geneigte Zunahme, 3 M rechts (= Rdm).
*82. R:* Alle M und U links str.
*83. R:* 3 M rechts (= Rdm), 1 rechts geneigte Zunahme, rechte M bis zum M-Markierer, 1 links geneigte Zunahme, M-Markierer übernehmen, Mittelm links, M-Markierer übernehmen, 1 rechts geneigte Zunahme, rechte M bis 3 M vor R-Ende, 1 links geneigte Zunahme, 3 M rechts (= Rdm).
*84. R:* 3 M rechts (= Rdm), rechte M bis zum M-Markierer, M-Markierer übernehmen, Mittelm links, M-Markierer übernehmen, rechte M bis 3 M vor R-Ende, 3 M rechts (= Rdm) (= 177 M).
*85.-94. R:* Die 1.+2. R des Glatt-rechts-Streifens 5x str (= 197 M).
*95.-102. R:* Die 1.-8. R des Lochmusters str (= 213 M).
*103.-112. R:* Die 1.+2. R des Glatt-rechts-Streifens 5x str (= 233 M).
*113.-120. R:* Die 1.-8. R des Lochmusters str (= 249 M).
*121.-130. R:* Die 1.+2. R des Glatt-rechts-Streifens 5x str (= 269 M).
*131.-138. R:* Die 1.-8. R des Lochmusters str (= 285 M).
Nun folgt ein Fallmaschenmuster:

*139. R:* 3 M rechts (= Rdm.) 1 rechts geneigte Zunahme, 1 M rechts, * 1 M rechts, 1 U, ab * fortlaufend wdh bis zum M-Markierer, 1 links geneigte Zunahme, M-Markierer übernehmen, Mittelm rechts, M-Markierer übernehmen, 1 rechts geneigte Zunahme, ** 1 M rechts, 1 U, ab ** fortlaufend wdh bis 3 M vor R-Ende, 1 links geneigte Zunahme, 3 M rechts (= Rdm).

*140. R:* 3 M rechts (= Rdm), die rechten M der Vor-R links stricken und alle U fallen lassen bis 3 M vor R-Ende, 3 M rechts (= Rdm).

*141. R:* 3 M rechts (= Rdm), 1 rechts geneigte Zunahme, linke M bis zum M-Markierer, 1 links geneigte Zunahme, M-Markierer übernehmen, Mittelm rechts, M-Markierer übernehmen, 1 rechts geneigte Zunahme, linke M bis 3 M vor R-Ende. 1 links geneigte Zunahme, 3 M rechts (= Rdm).

*142. R:* 3 M rechts (= Rdm), linke M bis 3 M vor R-Ende, 3 M rechts (= Rdm).

*143. R:* 3 M rechts (= Rdm), keine Zunahme, rechte M bis zum M-Markierer, 1 links geneigte Zunahme, M-Markierer übernehmen, Mittelm rechts, M-Markierer übernehmen, 1 rechts geneigte Zunahme, rechte M bis 3 M vor R-Ende, keine Zunahme, 3 M rechts (= Rdm).

*144. R:* 3 M rechts (= Rdm), linke M bis 3 M vor R-Ende, 3 M rechts (= Rdm) (= 295 M).

Zum Schluss eine Dreiecks-Lochkante str:

*145. R:* 3 M rechts (= Rdm), 1 rechts geneigte Zunahme, * 1 M rechts, 1 U, 2 M rechts überzogen zusammenstr, 3 M rechts, 2 M rechts zusammenstr, 1 U, ab * fortlaufend wdh bis zum M-Markierer, 1 links geneigte Zunahme, M-Markierer übernehmen, Mittelm rechts, M-Markierer übernehmen, 1 rechts geneigte Zunahme, ** 1 U, 2 M rechts überzogen zusammenstr, 3 M rechts, 2 M rechts zusammenstr, 1 U, 1 M rechts, ab ** fortlaufend wdh bis 3 M vor R-Ende, 1 links geneigte Zunahme, 3 M rechts (= Rdm) (= 299 M).

*146. R:* 3 M rechts (= Rdm), linke M bis zum M-Markierer, M-Markierer übernehmen, Mittelm links, M-Markierer übernehmen, linke M bis 3 M vor R-Ende, 3 M rechts (= Rdm).

*147. R:* 3 M rechts (= Rdm), 1 rechts geneigte Zunahme, 1 M rechts, * 2 M rechts, 1 U, 2 M rechts überzogen zusammenstr, 1 M rechts, 2 M rechts zusammenstr, 1 U, 1 M rechts, ab * fortlaufend wdh bis 1 M vor M-Markierer, 1 M rechts, 1 links geneigte Zunahme, M-Markierer übernehmen, Mittelm rechts, M-Markierer übernehmen, 1 rechts geneigte Zunahme, 1 M rechts, ** 1 M rechts, 1 U, 2 M rechts überzogen zusammenstr, 1 M rechts, 2 M rechts zusammenstr, 1 U, 2 M rechts, ab ** fortlaufend wdh bis 4 M vor R-Ende, 1 links geneigte Zunahme, 1 M rechts, 3 M rechts (= Rdm) (= 303 M).

*148. R:* Wie die 146. R str.

*149. R:* 3 M rechts (= Rdm), 1 rechts geneigte Zunahme, 2 M rechts, * 3 M rechts, 1 U, 3 M rechts überzogen zusammenstr, 1 U, 2 M rechts, ab * fortlaufend wdh bis 2 M vor M-Markierer, 2 M rechts, 1 links geneigte Zunahme, M-Markierer übernehmen, Mittelm rechts, M-Markierer übernehmen, 1 rechts geneigte Zunahme, 2 M rechts, ** 2 M rechts, 1 U, 3 M rechts überzogen zusammenstr, 1 U, 3 M rechts, ab ** fortlaufend wdh bis 5 M vor R-Ende, 1 links geneigte Zunahme, 2 M rechts, 3 M rechts (= Rdm) (= 307 M).

*150. R:* 3 M rechts (=Rdm), rechte M bis zum M-Markierer, M-Markierer übernehmen, Mittelm links, M-Markierer übernehmen, rechte M bis 3 M vor R-Ende, 3 M rechts (=Rdm).
*151. R:* 3 M rechts (= Rdm), 1 rechts geneigte Zunahmen, rechte M bis zum M-Markierer, 1 links geneigte Zunahme, M-Markierer übernehmen, Mittelm links, M-Markierer übernehmen, 1 rechts geneigte Zunahmen, rechte M bis 3 M vor R-Ende, 1 links geneigte Zunahme, 3 M rechts (= Rdm) (= 311 M).
*152. R:* 3 M rechts (= Rdm), rechte M bis zum M-Markierer, M-Markierer übernehmen, Mittelm links, M-Markierer übernehmen, rechte M bis 3 M vor R-Ende, 3 M rechts (= Rdm).
*153. R:* 3 M rechts (= Rdm), 1 rechts geneigte Zunahmen, rechte M bis zum M-Markierer, 1 links geneigte Zunahme, M-Markierer übernehmen, Mittelm links, M-Markierer übernehmen, 1 rechts geneigte Zunahmen, rechte M bis 3 M vor R-Ende, 1 links geneigte Zunahme, 3 M rechts (= Rdm) (= 315 M).
*154. R:* 3 M rechts (= Rdm), rechte M bis zum M-Markierer, M-Markierer übernehmen, Mittelm links, M-Markierer übernehmen, rechte M bis 3 M vor R-Ende, 3 M rechts (= Rdm).
*155. R:* 3 M rechts (= Rdm), 1 rechts geneigte Zunahmen, rechte M bis zum M-Markierer, 1 links geneigte Zunahme, M-Markierer übernehmen, Mittelm links, M-Markierer übernehmen, 1 rechts geneigte Zunahmen, rechte M bis 3 M vor R-Ende, 1 links geneigte Zunahme, 3 M rechts (= Rdm) (= 319 M).
*156. R:* 3 M rechts (= Rdm), rechte M bis zum M-Markierer, M-Markierer übernehmen, Mittelm links, M-Markierer übernehmen, rechte M bis 3 M vor R-Ende, 3 M rechts (= Rdm).
*157. R:* Nacheinander alle M mit Kordelrand abk.

## FERTIGSTELLEN

Alle Fäden vernähen. Das Tuch in ein feuchtes Handtuch wickeln und anschließend locker spannen.

## Yvonnes Tipps

***Bitte unbedingt vor Beginn die gesamte Anleitung und die Musterfolge genau durchlesen!***
***Die Maschenmarkierer sind eine große Hilfe und können auch einfach mit andersfarbiger Wolle als Schlaufe selbst gemacht werden.***
***Die Musterfolgen eignen sich sehr gut, um selbst kreativ zu werden und sich von der Anleitung zu lösen.***
***Wenn das Beilaufgarn neu angesetzt wird, kann man das Fadenende gut mit dem Verlaufgsgarn verdrehen und mit einstricken, so dass es später nicht vernäht werden muss.***
***Wer mag, kann das Lochmuster auch zwei- oder dreimal hintereinander arbeiten.***

# STARLET

## Tuch im Sternenmuster

***Groß, größer, „Starlet"! Ein Traumtuch – ich konnte nicht aufhören zu stricken, bis kein Fädchen Wolle mehr übrig blieb. Wer es etwas weniger umfangreich mag, kettet einfach vorher ab. Übrigens: Aufgrund der asymmetrischen Form eignet sich das Tuch besonders gut, um immer wieder neue Tragevarianten zu testen!***

### SCHWIERIGKEITSGRAD ♥♥♡

### GRÖSSE

130 cm breit, 200 cm hoch

### MATERIAL

- Lana Grossa Alta Moda Cotolana (LL 150 m/ 50 g) in Weiß (Fb 18) und Dunkelgrau (Fb 01), je 200 g
- Rundstricknadel 4,5 mm, 100 cm lang
- Wollnadel

### MASCHENPROBE

Im Sternchenmuster mit Nd 4,5 mm
19 M und 28 R = 10 cm x 10 cm

### RANDMASCHEN

Die 1. M jeder R rechts str, die letzte M jeder R wie zum Linksstr abheben.

### FARBFOLGE

2 R in Weiß und 2 R in Dunkelgrau im Wechsel str.

### 1 MASCHE RECHTS VERSCHRÄNKT AUS DEM QUERFADEN ZUNEHMEN

Mit der linken Nd von hinten unter den Querfaden zur nächsten M einstechen und so eine neue M auf die linke Nd heben, diese M rechts verschränkt abstr.

### ELASTISCHES ABKETTEN

2 M rechts str, beide M wieder zurück auf die linke Nd heben und rechts verschränkt zusammenstr, * 1 M rechts str, die beiden M der rechten Nd wieder zurück auf die linke Nd heben und rechts verschränkt zusammenstr. Ab * fortlaufend wdh, bis alle M abgekettet sind.

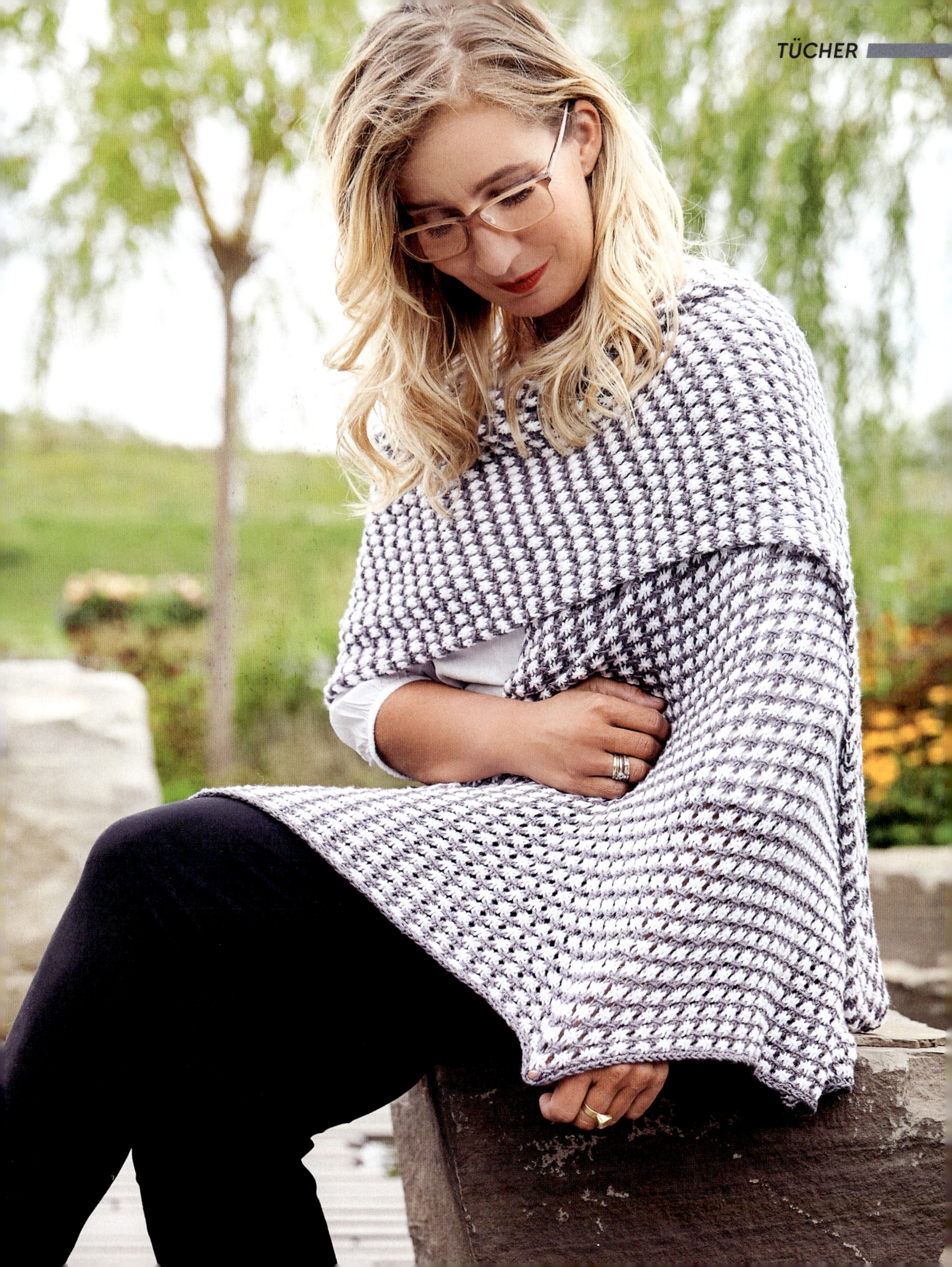

## STERNCHENMUSTER

In R 2-farbig nach der Strickschrift arb. Es sind Hin- und Rückr gezeichnet. Die ungeraden R-Zahlen bezeichnen die Rückr, die geraden die Hinr. Die Rückr werden von links nach rechts gelesen, die Hinr von rechts nach links. Die M sind gezeichnet, wie sie getrickt werden. Der Musterrapport für das Sternchenmuster ist türkis hinterlegt.
Zuerst 1x die 1.–10. R str, dann die 11.–22. R fortlaufend wdh.

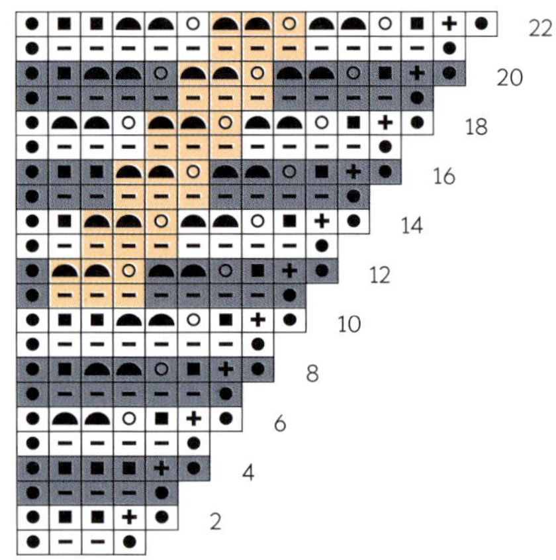


● = 1 Randmasche
■ = 1 Masche rechts
– = 1 Masche links
+ = 1 Masche rechts verschränkt aus dem Querfaden zunehmen
= 1 Umschlag, 3 Maschen rechts stricken, die 1. der 3 gestrickten Maschen über die anderen beiden Maschen ziehen.
= 1 Masche in Weiß
= 1 Masche in Dunkelgrau
= 1 Masche des Rapports

# ANLEITUNG

In Weiß 4 M anschl und gemäß der Strickschrift mit 1 Rückr beginnen und 1x die 1.–10. R str, dann die 11.–22. R fortlaufend wdh. In einer Höhe von ca. 200 cm, nach einer Hinr in Dunkelgrau zwischen den Rdm noch eine Rückr linke M str und in der nächsten R ebenfalls in Dunkelgrau alle M elastisch abk.

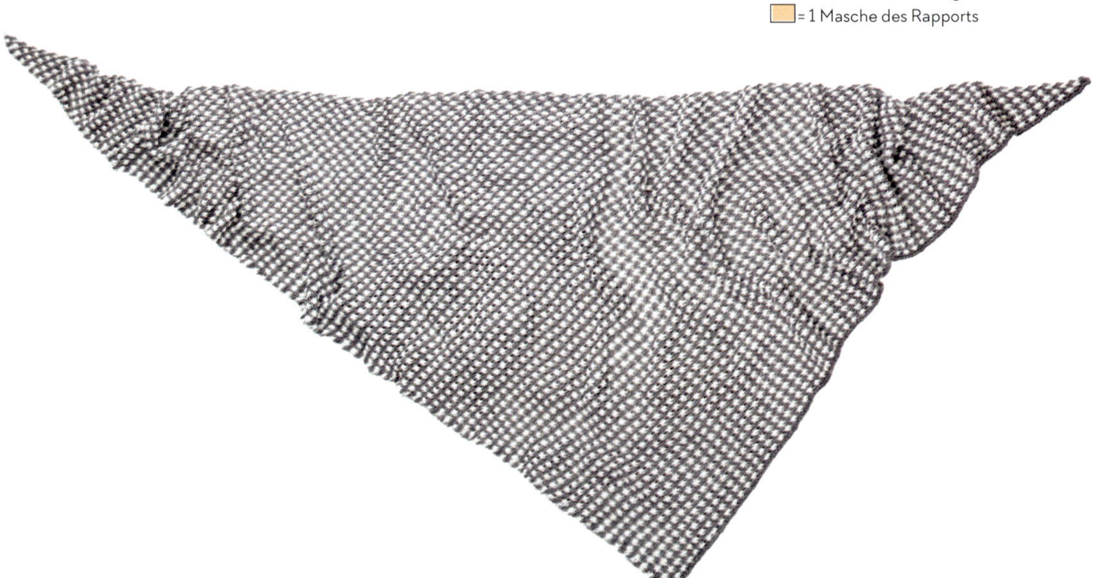

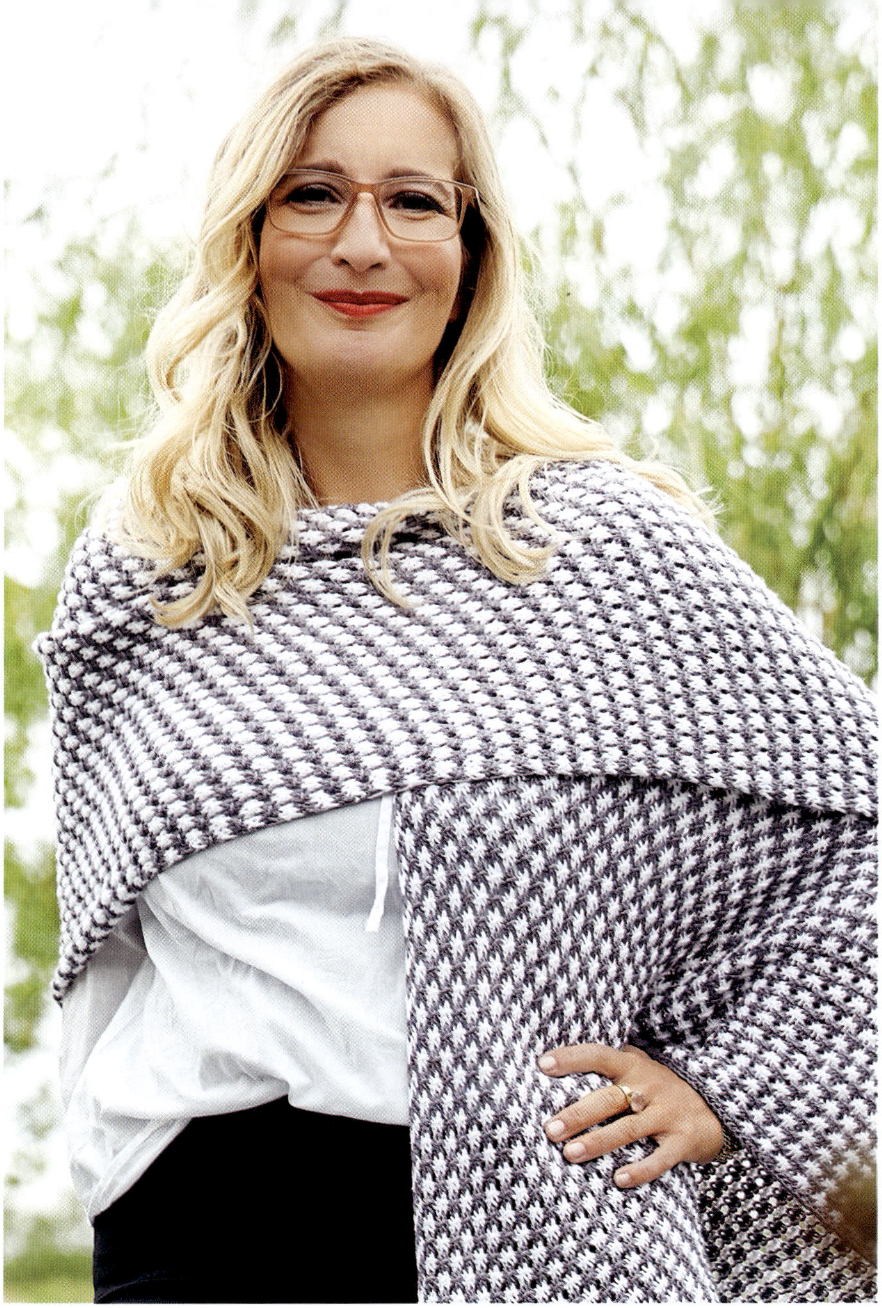

## FERTIGSTELLEN

Alle Fäden vernähen. Das Dreieckstuch anfeuchten, auf das angegebene Maß spannen und trocknen lassen.

## Yvonnes Tipp

***Die Tuchgröße kann beliebig variiert werden, indem einfach mehr oder weniger Reihen gestrickt werden – ggf. ändert sich der Materialbedarf.***

# BESONDERE TECHNIKEN

## HEBEMASCHEN

Hebemaschen sind Maschen, die in der Regel ungestrickt von der linken auf die rechte Nadel gehoben werden. Dazu kann man mit der Arbeitsnadel wie zum Linksstricken oder wie zum Rechtsstricken in die Masche einstechen. Außerdem macht es einen Unterschied, ob sich der Arbeitsfaden vor oder hinter der Arbeit befindet. Beim Abheben einer Masche lässt sich ihre Orientierung auf der Nadel drehen. Auch beim Musterstricken (Mosaikmuster) kann man mit Hebemaschen schöne Effekte erzielen.

## TIEFER GESTOCHENE MASCHEN

Die Arbeitsnadel nicht in die Masche einstechen, die auf der linken Nadel liegt, sondern um die angegebene Reihenzahl nach unten versetzt. Den Faden holen, durch die Masche ziehen, die darunter liegenden Maschen auflösen, die tiefergestochene Masche fest anziehen.

## AUS 1 MASCHE 2 MASCHEN HERAUSSTRICKEN

1 Masche rechts stricken und auf der linken Nadel belassen. Dann noch einmal von hinten in diese Masche einstechen und rechts stricken. Die beiden Maschen von der linken Nadel gleiten lassen.

## 1 MASCHE RECHTS VERSCHRÄNKT AUS DEM QUERFADEN ZUNEHMEN

Mit der rechten Nadel von hinten unter den Querfaden einstechen – dieser liegt zwischen der abgestrickten Masche und der nächsten Masche der linken Nadel. Den Querfaden auf die linke Nadel legen. Zum rechts verschränkten Abstricken in die Masche von hinten einstechen. Den Arbeitsfaden holen und durchziehen. Die Masche von der linken Nadel gleiten lassen.

## LINKSGENEIGTE ZUNAHME

Mit der linken Nadel von vorne unter den Querfaden zur nächsten Masche einstechen und so eine neue Masche auf die linke Nadel heben, diese Masche rechts verschränkt stricken.

## RECHTSGENEIGTE ZUNAHME

Mit der linken Nadel von hinten unter den Querfaden zur nächsten Masche einstechen und so eine neue Masche auf die linke Nadel heben, diese Masche rechts stricken.

## 2 MASCHEN RECHTS ÜBERZOGEN ZUSAMMENSTRICKEN

1 Masche wie zum Rechtsstricken abheben, 1 Masche rechts stricken und die abgehobene Masche überziehen.

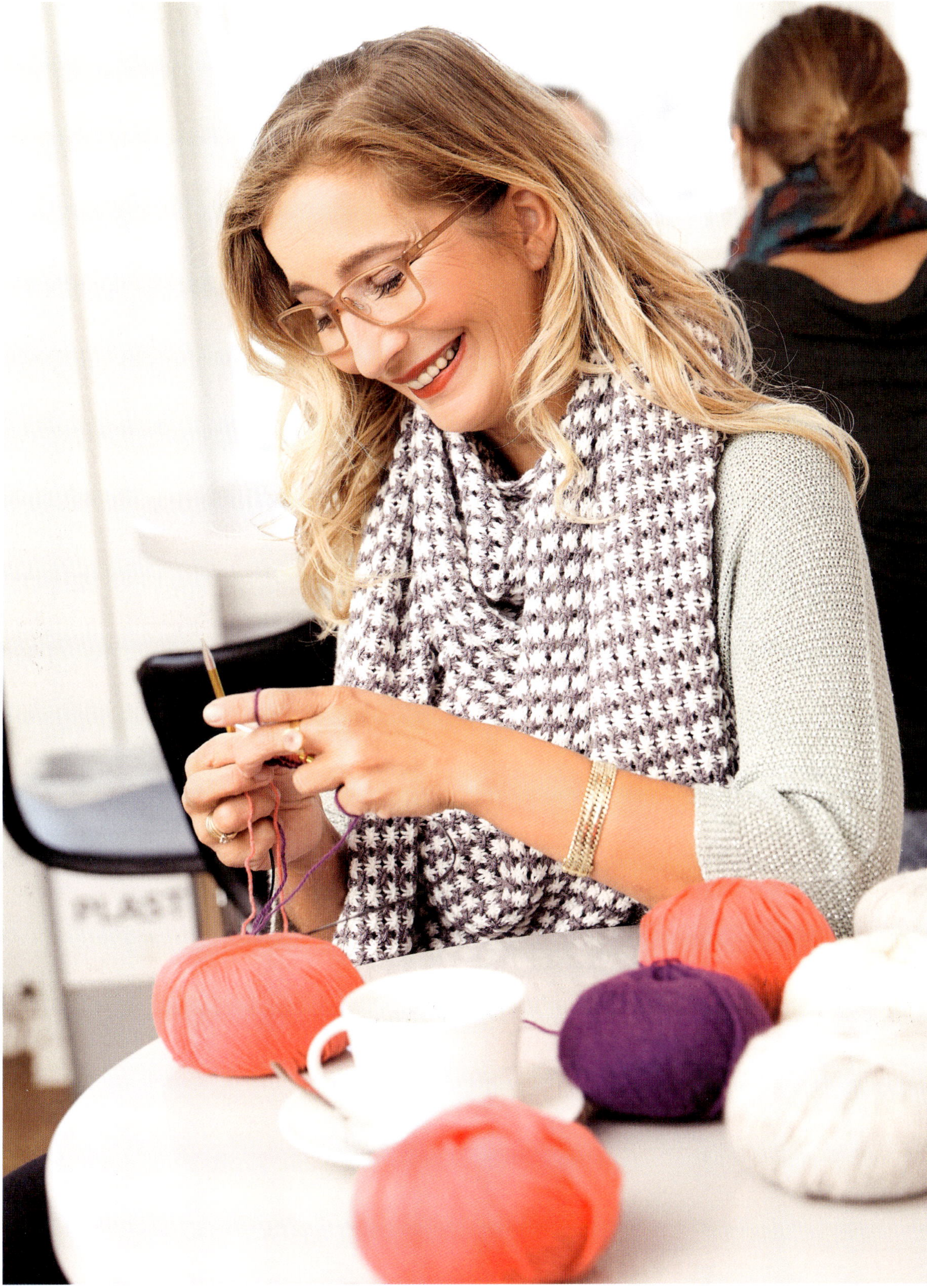

## 3 MASCHEN RECHTS ÜBERZOGEN ZUSAMMENSTRICKEN

1 Masche wie zum Rechtsstricken abheben, 2 Maschen rechts zusammenstricken und die abgehobene Masche überziehen.

## DREISEITIGER MASCHENANSCHLAG (GARTER TAB)

Dieser Anschlag wird für symmetrische Tücher verwendet, die von unten nach oben gearbeitet werden. Dafür 3 Maschen anschlagen. Dann 6 Reihen kraus rechts stricken. In der nächsten Reihe wieder 3 Maschen rechts stricken, die Arbeit um 90° nach rechts drehen und aus der seitlichen Kante 3 Maschen herausstricken, die Arbeit erneut um 90° nach rechts drehen und aus der Anschlagkante ebenfalls 3 Maschen herausstricken. Auf der rechten Nadel liegen nun 9 Maschen.

## ELASTISCHES ABKETTEN

2 Maschen rechts stricken, beide Maschen wieder zurück auf die linke Nadel heben und rechts verschränkt zusammenstricken, * 1 Masche rechts stricken, die beiden Maschen der rechten Nadel wieder zurück auf die linke Nadel heben und rechts verschränkt zusammenstricken. Ab * fortlaufend wiederholen, bis alle Maschen abgekettet sind.

## ABKETTEN MIT KORDELRAND

Mit einem Kordelrand kann man beim Abketten der Maschen einen feste Kante anstricken. Am Beginn der Abkettreihe aus der 1. Masche 3 Maschen herausstricken. * 2 Maschen rechts stricken, dann 2 Maschen rechts verschränkt zusammenstricken. Die 3 Maschen zurück auf die linke Nadel heben. Den Arbeitsfaden auf der Rückseite fest anziehen. Ab * fortlaufend wiederholen bis zur letzten Masche.

## PATENTRAND

Alle offenen Strickstücke im Patentmuster wirken mit Patentrand harmonisch.
Die ersten 3 Maschen jeder Reihe (= Hin- und Rückreihe) wie folgt stricken: 1 Masche rechts, 1 Masche abheben, dabei den Faden vor der Masche weiterführen, 1 Masche rechts stricken. Die letzten 3 Maschen jeder Reihe wie folgt stricken: 1 Masche abheben, dabei den Faden vor der Masche weiterführen, 1 Masche rechts stricken, 1 Masche abheben, dabei den Faden vor der Masche weiterführen.

## DOPPELTE RANDMASCHEN

Die Randmaschen werden am Anfang und Ende jeder Reihe über 2 Maschen gestrickt. Dafür alle Reihen wie folgt arbeiten: 1 Masche links abheben mit dem Faden vorn, 1 Masche rechts stricken, mustergemäß stricken bis 2 Maschen vor Reihenende, 1 Masche links abheben mit dem Faden vorn, 1 Masche rechts stricken.

## ELASTISCHE KANTEN

Um die Kante elastisch zu halten, nach der 1. Masche jeder Reihe 1 Umschlag arbeiten und in der Folgereihe wieder fallen lassen.

## WENIGER FÄDEN VERNÄHEN

Wer nicht gerne Fäden vernäht, kann den neuen Faden mit dem alten Faden über 4 bis 5 Maschen verdrehen und zusammen verstricken.

## TÜCHER ANFEUCHTEN UND SPANNEN

Man kann sein Tuch komplett durch Wasser ziehen, in ein Handtuch wickeln und die Feuchtigkeit „heraustrampeln". Oder man wickelt das Tuch einige Zeit in ein feuchtes Handtuch. Außerdem ist es auch möglich, das Tuch vorsichtig zu dämpfen, ohne es dabei platt zu drücken oder zu verziehen.

Nach dem Anfeuchten das Tuch auf die Maße spannen und liegend trocknen lassen.

## ABKÜRZUNGEN

abk = abketten
anschl = anschlagen
arb = arbeiten
DRdm = Doppelte Randmasche(n)
Fb = Farbe(n)
Hinr = Hinreihe(n)
Hilfsnd = Hilfsnadel(n)
LL = Lauflänge
M = Masche(n)
Nd = Nadel(n)
R = Reihe(n)
Rd = Runde(n)
Rdm = Randmasche(n)
Rückr = Rückreihe(n)
Rundstricknd = Rundstricknadel(n)
str = stricken
U = Umschlag
wdh = wiederholen

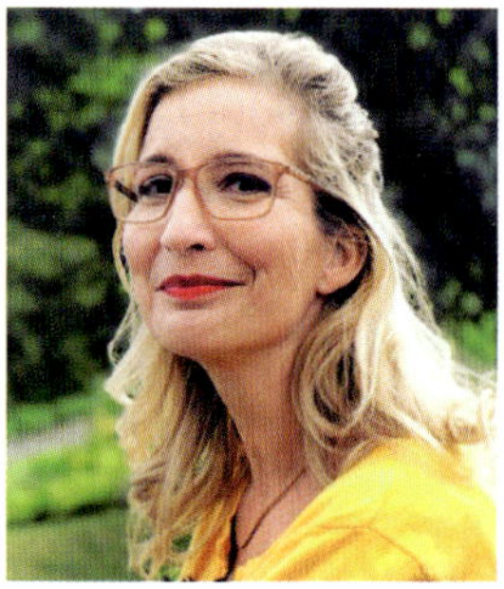

## YVONNE WILLICKS

Yvonne Willicks ist Verbraucherjournalistin und TV ModeratorIn, aber auch leidenschaftliche Strickerin. Besonders Tüchern und Schals gehört ihre Leidenschaft und sie liebt es, die tollen neuen Garne und Qualitäten zu besonderen Designs zu verarbeiten. Gut zu bewältigen, aber trotzdem effektvoll sollen ihre Modelle sein, die sie in ihrem neuesten Buch vorstellt. Ihre zahlreichen Social Media Follower sind schon sehr gespannt, auf die Kreationen, ebenso wie die ZuschauerInnen der WDR Servicezeit.

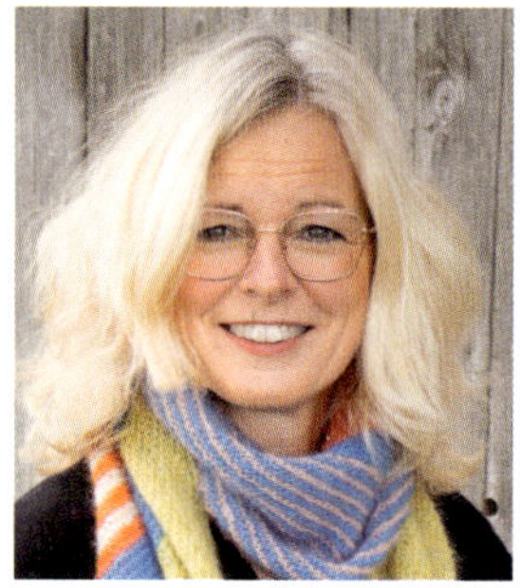

## BRIGITTE ZIMMERMANN

Ich bin verheiratet, habe 3 wundervolle, mittlerweile erwachsene Kinder und wohne zusammen mit meinem Mann auf dem Land in Ostwestfalen. Ich stricke für mein Leben gern und habe das ganz große Glück, mein Hobby zum Beruf gemacht zu haben. 12 Jahre lang habe ich bei einem führenden Großhändler für Hobby und Handarbeiten als Produktentwicklerin gearbeitet, wollte mich dann aber gerne noch einmal verändern. Seit 2018 bin ich nun beim Onlineshop Bellalotta.de beschäftigt und dort für das Modelldesign für Baby- und Kinderkleidung und die Garn- und Farbauswahl verantwortlich. Unter dem Label „knittygitti" entwickle ich gerne eigene Designs, entwerfe Strickprojekte für Magazine und biete Lektorate an.

Tausend Dank!

Ein Buch über das liebste Hobby zu schreiben macht riesigen Spaß, kostet aber auch Kraft und Nerven. Gut, dass mich so viele Menschen tatkräftig unterstützt haben! Mein Dank gilt darum:

- Brigitte mit ihrem Know How und immer offenem Ohr
- Claudia Mack vom frechverlag für die kompetente und beste Betreuung
- Petra Puster für das aufmerksame Lektorat
- den Firmen LANA GROSSA GmbH, Schoeller Handstrickgarne GmbH, MEZ GmbH, buttinette Textil-Versandhaus GmbH, Lang & CO. AG, idee.Creativmarkt GmbH & Co KG, Rosy Green Wool Gbr, Rowan für die großzügige Unterstützung mit Garnen
- Gülcan Arslan, die mich für das Fotoshooting gestylt hat und eine riesengroße Hilfe war, alles so perfekt in den Kasten zu bekommen
- der LaGa GmbH, die es unkompliziert ermöglicht hat, die Bilder auf dem Gelände der Landesgartenschau in Kamp-Lintfort zu fotografieren
- dem WDR, der sich dem Trendthema „Stricken" geöffnet hat
- meiner gesamten Familie. Drei Monate haben sie von mir außer Nadelklappern nicht viel gehört. Danke für stumm hingestellte Kaffeebecher, geduldige Hilfe beim Ribbeln und das Verständnis, dass man trotz gut gefüllter Wollkisten auf Städtereisen unbedingt noch neue Knäuel in den Koffer schmuggeln muss!



Fotos: frechverlag GmbH, 70499 Stuttgart; lichtpunkt, Michael Ruder, Stuttgart

Produktmanagement: Claudia Mack

Lektorat: Petra Puster, Niederpöcking

Layout und Gestaltung: Petra Theilfarth

Druck und Bindung: D RUK-INTRO S.A., Polen



3. Auflage 2021

ISBN 978-3-7724-4855-3 · Best.-Nr. 4855

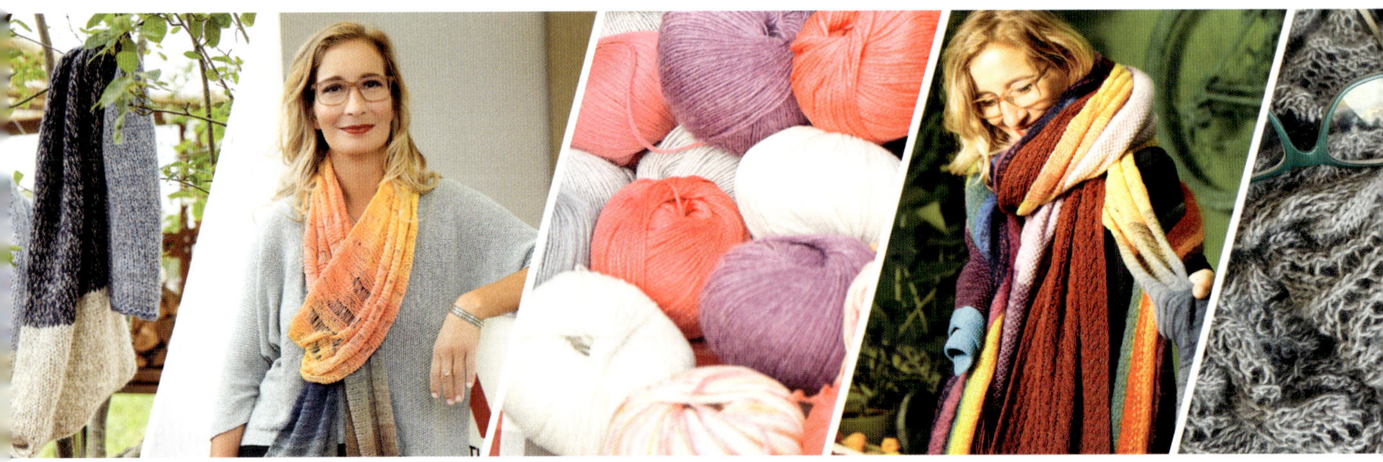